JN241994

アジアキリスト教史叢書 1

増補改訂版

韓国キリスト教史概論

その出会いと葛藤

徐正敏

かんよう出版

増補改訂版 韓国キリスト教史概論 への序文

本書において、韓国キリスト教の現代史または戦後史は、「韓国キリスト教の分裂と成長」と「韓国キリスト教の参与と成熟」という小タイトルで整理した二つの章で構成されている。概論書としての制約からかなり短縮した叙述だが、韓国キリスト教の現代史の展開やテーマの提示について的確に記述していると思う。

一方、私の著書をはじめ、多くの通史や関連研究、他の研究者の研究結果から判断すると、日本統治期の歴史である『初期韓国キリスト教史』には、さまざまな視点からのアプローチや「事例研究」が比較的豊富である。それに比べて、現代史や戦後史には、そのような研究の例は少ないといえるだろう。

しかし、韓国キリスト教の現代史を構成するテーマ、事項、歴史的展開の複雑さ、さらには神学的なテーマまでもが、それ以前の歴史とは比較にならないほど広範囲に拡大した歴史であることも事実である。

そのため、本書に限らず、多くの韓国キリスト教通史の構成の中で戦後史のセクションは、とにかく分析が不足しているだけでなく、歴史研究の基礎となる重要なテーマ、関連人物研究、および「事例研究」が欠如している。

しかしながら、概論書にすぎないこの小さな書物は、韓国のキリスト教全史の内容的均衡、現代史と戦後史のテーマと構成、アイテムの提示やテーマの提案において、一定のバランスを保っていると確信している。

増補改訂版の本書では、初版の叙述で相対的にバランスを取ろうと試みた戦後史の部分をさらに補強し、現代史に関するより一層専門的な歴史入門へと進めることを意図した。そのために、韓国の現代キリスト教史において最も重要な出来事すなわち戦後史を取り上げ、概論書としての制約のため実行できなかった「事例研究」の例を挙げてみたい。もちろん、これも概説書としての制約により、本書で詳細な研究を行うことは困難であろう。そこで、私が既に発表した関連トピックに関する研究論文を要約し、論文の概要を補遺の形で追加した。

筆者にとって、韓国キリスト教の現代史において最も重要なテーマは、韓国のキリスト教民主化運動の歴史であると思う。それは、韓国キリスト教全体の中での割合としては少数派のエキュメニカルなキリスト教会とそのコミュニティが、韓国の現代史において繰り返されてきた軍事クーデターによる政治的および社会的抑圧という時代的矛盾と闘う歴史を指している。

韓国キリスト教の戦前史は、日本の植民地支配に対する抵抗といわゆる「民族キリスト教」のアイデンティティの形成を主要なテーマとしていたが、戦後史は、反人権、反民主主義、差別に直面しながらも、福音の実践的正義を実現しようとした「社会参加型社会福音主義キリスト教」

のアイデンティティを強調した。

このような歴史的傾向の中で最も重要な歴史的出来事とその事例は、「一九七三年の韓国キリスト者宣言」であると考えられる。それは、当時東京に駐在していた池明観、呉在植、金容福が、韓国のキリスト教民主化運動の主導的勢力であるＮＣＣＫと緊密に協力しながら作成し、国内外の教会に宣言した文書、それに関連するプロセス、その活動の全体を意味する。

この文書の執筆、宣言、普及は、韓国キリスト教史における歴史的または神学的な出来事であるだけでなく、日韓キリスト教関係史における主要な出来事かつ象徴的な展開であり、世界の教会と韓国の教会との間の連帯の共通基盤を確立した事件でもあろう。

二〇二五年　新年を迎えて

著　者

日本語版　序文（二〇一二年）

葛藤の時代をこえて

歴史は、人間と人間、文明と文明の出会いを通して展開する。さらに具体的に言えば、まったく異なる思想や信念、伝統や価値が、どのような出会いをきっかけとして葛藤を経験するかである。その葛藤の度合いが強ければ強いほど、相互に影響を与え合い、新しい存在と価値を創出することだろう。

これは歴史を理解する一つの視点である。ところで、このような歴史理解は、実際に一定の時代や具体的現場において進行する新しい宗教や信念体系の受容と、その展開過程によって、最も明確に確認することができる。この小さな本は、韓国の伝統と価値、激動する近現代史の現場から新しい信念体系としてのキリスト教受容が、いかなる出会いと葛藤、交渉と変革を遂行してきたのかを探る書物である。

この本によって、韓国キリスト教史の具体的内容を探るという目的も達成できるだろうが、それよりもむしろ、基本的前提とされる人文思想理解における一つの視点として、葛藤と新しい変革という歴史理解を示すことができれば、と期待するものである。

本書は、二〇〇三年十月、韓国語によって出版（サンリム出版社、サンリム知識叢書四一）され、以来二〇一一年十二月までに五刷を数え、比較的広い読者層に支持されている。本書は決して、学術的であることや論文としての形式を求めてはいない。したがって、さまざまな概念を忠実に解説するなど、事件の前後関係を詳細に議論する文献ではない。できるだけ簡潔明瞭な叙述を心がけ、韓国キリスト教史の全体的構図の理解という点を中心にすえている。

本書を、筆者が日本語によって再執筆し、出版する勇気と励ましを与え、その契機を与えて下さった「かんよう出版」代表松山献氏と、そのご子息であり筆者の教え子である松山健作君に深く感謝を申し上げたい。お二人は、日本語文章の校閲と修正にも多大な労苦を惜しむことがなかった。さらに、新しい出版文化のビジョンを提示し、出帆する「かんよう出版」における最初の出版物として筆者の本が選ばれたことを喜ばしく思う。この小さな本が日本の読者にも広く読まれ、わずかながらも認識の地平を広げる契機になることを願う。そして、何よりも日韓関係の新しい時代の上に小さな一粒の麦となることを祈っている。

「この本を日韓関係の新しい地平を開くために尽力する様々の先輩、後輩、同志たちに捧げる」

二〇一二年二月

徐正敏

目　次

第一章　韓国キリスト教の受容と葛藤

歴史とは、出会いを通して展開するものである。一人の人物ともう一人の人物との出会いはもちろん、一つの共同体ともう一つの共同体、一つの文化ともう一つの文化、一つの思想ともう一つの思想、時にはある宗教とまったく異なる宗教との出会いを通して展開されることもある。時として、このような歴史の出会いには、葛藤と鋭い衝突が生まれることがある。私たちはこれを歴史の危機として記録し、歴史の転換の一つの局面として区分するのである。同時に、このような出会いの場面と葛藤の危機なしには、歴史自体が成立し得ないことも発見するだろう。したがって、このような危機は歴史の変革であり、新しい歴史展開の出発点であることに注目することとなるのである。このように、危機と変革の関係に対する理解は、他の領域と分野の歴史理解にもたいへん有効な視点を提供するだろう。また、韓国の近代精神史を見ればわかるように、新しい宗教思想と伝統的価値体系との出会いを歴史的に理解する場合にも、有効な視点を提供するに違いない。

民族共同体と新・旧教との出会い

十六世紀、西欧カトリック教会が極東地域の宣教に着手した。しかし、先着地である日本と中国に比べて、鎖国の門がより強力であった韓国には、なかなか入り込むことができなかった。一五九二年の朝鮮出兵当時、侵略した日本軍の一部に、カトリック軍隊である小西行長部隊がある。その従軍神父セスペデスが朝鮮に来て活動したという事実がある。しかし、これをもって韓国におけるカトリックの始まりだとは言い難い。むしろ、それから後、一八世紀後半から一九世紀にかけての韓国人学者による「西学研究」に注目すべきである。

韓国キリスト教界では、李承薫（イ・スンフン）の洗礼と自発的な朝鮮教会の創設につながる過程が、本格的な韓国カトリックの始まりと認識されている。周辺国に比べて伝来が遅かったとはいえ、韓国カトリック教会は、その受容のエネルギーや信仰伝播の活動力において強力な展開を示した。しかし、韓国で受容されたカトリックの神学的立場はきわめて保守的だったため、既存の伝統的な韓国の価値観と大きく衝突し、当時世界のどんな宣教地よりも大きい衝突と葛藤を生んだ。すなわち、キリスト教がもつ根本的な価値体系や普遍性に対して、韓国の地は排他的だったのである。当時韓国の伝統社会が根強くもっていた「斥邪為正（邪悪な事を排斥して正義を守る）」という儒教的価値観が強力であったからである。

したがって、この二つの思想と宗教との出会いは葛藤と危機の局面に至らざるを得なかった。これは韓国カトリック史のきわめて特徴的な様相であり、以後受容されたプロテスタントの歴史にも深く関連する。受容初期における韓国カトリックの主流思想が民族共同体との関係からどのような様相を示したのかという点は、次のような史料の証言から明らかとなる。

　当時、政府のカトリック信徒に対する迫害過程を見ていたカトリック受容者に黄嗣永（ファン・サヨン）がいる。彼は「黄嗣永白書」を作成してローマ教皇庁に発信しようとした。しかし、それが中途で発覚し、より強力なカトリック迫害の歴史につながるという事件があった。この白書を見ると、二つの価値体系の出会いがいかに過激であったかが分かる。

> 上には偉大な主君がいないし、下には有徳な家臣がいないので、不幸なことが起これば、土の塊のように崩れ落ち、瓦のように崩れるに決まっている。もし、できれば、戦艦数百隻と精兵五～六万名を連れて大砲などの強力な武器をたくさん載せて、また条理を整えている有名な中国の文章家三、四人と共にして、この国の浜辺に到着し、主君に上訴する。「我々は西洋を航海する船で、人とか財産のことで参ったのではございません。教皇様の命令に従い、この地域の霊を救うためでございます。貴国が一人の宣教師を容認して快く受け入れて下さるならば、我々はこれ以上のことを要求しないはずで、友好条約のみ締結して、太鼓を打ち、舞いながら帰って参る所存でございます。しかし、もし天主の使者を受け入れないならば、当然主が注ぐ罰を施さざるを得ないはずであり、我々は死ぬことがあろうとも帰らないのでございます」（「黄嗣永白書」から）

当時、このような考え方は、今日においても受け入れることのできない民族共同体に対する危害であり、脅威であった。この白書の発見以来、カトリック信徒は、より大きな受難に直面した。彼らは、黄嗣永以後、一つの特殊な価値単位にすぎない民族共同体より、世界の普遍的真理と価値として信じる教会とキリスト教共同体の価値を優先した。これは当時の韓国社会が容認するには危険すぎる思想であった。尋問過程で、「清の国から来る大きな船はどの用途に使おうとしたのか」と聞かれると、「その船は中国のように大きい聖堂を建設して西学を振興させようとするためです」と答えた。また、「大型船数百隻、精兵五〜六万を連れてくるとはどんな意味か」と言うと、「大砲を搭載して朝廷がおびえて西学を禁じないようにするために脅かすだけのことです」と答えた。すると尋問官は「お前は数百隻の戦艦と数万人の兵士を連れてきても、百姓と国家には被害がないというが、どうあれお前もこの国の百姓であろうに、どうしてこのような恥ずかしい考えを持つようになったのか」と戒めた。これに対して黄嗣永は、「そんなことはよく分からないことで、ただ西学を国内で自由に伝播できるようにしようと思っただけで」と答えた。結局、「黄嗣永白書」の思想は、「国はなくなっても教会の標的は残っているべきである」という「脱民族、含教会」的なものであった。

一方、同じ時期にやはりカトリック信徒であった丁夏祥（チョン・ハサン）は「上宰上書」という神学文書において、カトリックの根本思想と、韓国の伝統思想、特に当時の儒教の中心価値となっていた「孝」の徳目とが、絶対に衝突や葛藤を起こすことはないという立場を弁証した。

しかし、このような丁夏祥の主張は、韓国初期カトリックの中心的立場ではない。そればかりか、韓国政府にも彼の弁証を積極的に受容する余裕がなかった。結局、韓国カトリック初期の受容史は、他に例を見ない葛藤と迫害という衝突の過程を辿ることになった。すなわち、カトリックから始まった韓国キリスト教の歴史は「反民族容疑」という危機から出発したのである。この事実は、続いて展開される韓国プロテスタント教会の受容過程、その宣教神学にも徹底的に影響を与えた。

「反民族容疑」をかけられた初期カトリックのイメージは、新・旧教の区別がまだ明確でなかった初期キリスト教の受容状況においてプロテスタント宣教の躓きになった。その「外来的」、「西欧的」性格のゆえに伝統価値と衝突したカトリックの前例を克服できなければ、プロテスタントの宣教や受容過程においても民族共同体との急進的な対立に陥ることは必然であった。このような状況に対して、韓国プロテスタントの宣教と受容を政策的に主張した策略家は「異体宣言」（用語・人名解説110ページ参照）を掲げた。「我らはカトリックと異なる」という宣言であるが、それは中国人の黄遵憲（ファン・ジュンノン）の著書『朝鮮策略』に基づいている。新しく受容されるプロテスタントは伝統的なカトリックのように「民族共同体」と葛藤する「反民族」の進路を辿らないというものであり、それ自体が脱政治的傾向をもっていた。それは「政教分離」であり、政治的干渉の排除を意味する宣言であった。「政教分離」は宗教改革によって生まれたプロテスタントの教理的・歴史的な概念であり、韓国における民族共同体との関係、出会いの様相を示す良い例であった。これは独特な転換であり、韓国キリスト教史において新・旧教の受容交代期に現れた注目すべき歴史的交差点であることを意味する。このような民族共同体との関係構築の過程は、以後展開されるプロテスタントの韓国における受容過程に継続的な影響を与えた。

韓国のプロテスタント・キリスト教の定着過程

一八三二年、ドイツ系ユダヤ人牧師のカール・ギュッツラフがイギリスの商船ロドアムハスト号に乗って忠清道の洪州古代島前の海に碇泊した。彼が乗ったイギリス商船の目標は韓国との通商であったため、彼の目標は韓国宣教となった。彼は韓国にプロテスタント・キリスト教を伝えるために訪問した最初の宣教師であった。しかし、これは韓国政府に拒絶され、挫折した。その後、一八六六年、イギリスのロンドン宣教会所属のR・トマスがアメリカの商船ゼネラルシャーマン号に乗って大洞江を通って平壌に進入した。やはりこの船も通商と宣教の許可が目標だった。しかし、彼らのやりかたは侵略的な強権方式であった。当時の世界史を支配していた帝国主義的な進出方式に他ならなかったのである。結局、シャーマン号は平壌の官軍によって焼かれ、トマスら船員たちは処刑された。このように二回の韓国プロテスタント宣教に対する試みは失敗に終わってしまった。

一八七〇年代末から韓国プロテスタント宣教に対する新しい試みがはじまった。すなわち、スコットランド長老派の満州宣教師ジョン・ロスとジョン・マッキンタイヤーの活動である。彼らは韓国宣教への夢を二つの方法によって追求した。一つは、あえて韓国に入国して展開する宣教活動よりは国外へ出る韓国人に接触する方法であった。もう一つは、聖書を韓国民衆の言語に翻訳する方法であった。これは、いわば「属人主義宣教方式」（用語・人名解説110ページ参照）である。彼らは韓満国境における小貿易商の李応賛（イ・ウンチャン）、白鴻俊（ペク・ホンジュン）、金鎮基（キム・ジンギ）、徐相崙（ソ・サンリュン）らであった。彼らは人参を中国まで持参して販売し、薬剤や綿などを自国に持ち帰って販売する商人であった。初めのうちは、経済的な利益、あるいは外来文物に対する強力な好奇心などでロスらの語学教師になり、ついにはハングル聖書の翻訳に参加するようになった。特に彼らの中で比較的学識が際立っていた徐相崙は異国で病いに倒れ、生死の分かれ目に立っていたとき、友人の李応賛の紹介でマッキンタイヤーに出会い、彼の献身的な助けによって生きながらえた。この事件をきっかけに命の恩人に対する報恩の情、そして、彼らが信じる道に対する関心が彼をこの働きに参加させた。徐相崙の加入で一気に加速したハングル聖書翻訳と刊行作業は成果を上げ、ハングルの福音書が次々と刊行された。

驚くべきことは、聖書翻訳に参加していた韓国人が強制や勧誘なしに聖書そのものによって信仰を告白し、洗礼を志願したという事実である。そして、彼らはついに自分が翻訳した聖書を持って自国伝道に旅立つことになった。結局、ロスらの「属人主義宣教方式」が結実したのである。彼らの故郷である義州、平安道一帯で文書伝道を実践した。特に徐相崙は韓国最初の自発的プロテスタント教会が設立された黄海道長淵の「ソルネ（松川）」を経てソウルの南大門周辺に定着して伝道活動を展開した。この宣教行路は「北方宣教ルート」ということができる。

一方、一八八〇年代初め、日本に渡って近代文明、特に農学を習得して自国の農業経済を発展させるという目標を持っていた李樹廷（イ・スジョン）（用語・人名解説110ページ参照）は日本人農学者の津田仙によってキリスト教に接して洗礼を受けた。そして、ハングル聖書の翻訳に着手し、漢文聖書に韓国式の振り仮名をつけた懸吐（ヒョント）聖書と「マルコによる福音書」のハングル版を刊行した。そして、アメリカ教会のジャーナルに寄稿して韓国宣教を熱烈に促す宣教誘致活動を繰り広げた。これと同時にアメリカ長老教、メソジスト（監理教）の宣教部は韓国宣教を決定して、ついに韓国に宣教師を派遣した。アンダーウッド（用語・人名解説111ページ参照）、アペンゼラー（用語・人名解説111ページ参照）、スクラントンらが訪韓途中に日本に立ち寄って李樹廷に会い、韓国に対するオリエンテーションを受け、彼が翻訳したハングル聖書を持って韓国に渡ってきた。

これらのアメリカ宣教師の宣教方式は、いわば「属地主義宣教方式」（用語・人名解説111ページ参照）であり、この方式による宣教行路は「南方宣教ルート」ということができる。彼らは入国して学校と病院を建て、最後には教会を設立した。アメリカ教会のプロテスタント宣教師は、自分たちが韓国に初めて上陸した開拓宣教師だと考えていたが、彼らの予想は期待はずれに終わった。すでに、韓国ではロスらに関係する徐相崙らが宣教を開始しており、多くの信者と洗礼志願者が存在していたからである。結局、一八八七年九月二七日に韓国最初の長老教の「セムンアン教会」がアンダーウッドによって設立されたのである。しかし、この教会の最初の洗礼者一四名の中で一二名が徐相崙らによってキリスト教に接した北方ルートの結実であった。このように、最初の韓国キリスト教会は南方・北方宣教活動の連合、「属人主義」と「属地主義」両宣教方式の絶妙な調和によって成立した教会であった。

アメリカ教会の宣教師は「間接宣教方式」によって韓国宣教を開始した。すでに、一八八四年六月にメソジスト（監理教）の駐日宣教師だったR・S・マクレイが訪韓して、高宗から宣教の許可を得たが、それは教育と医療の領域でのみ許される限定的な宣教方式であった。一方、同じ年の九月に中国の上海で活動していたアメリカ北長老会の医療宣教師アレンが訪韓した。彼はアメリカ公使館の付属医師という身分で入国したが、当時の宗教禁止状況の韓国の現実ではやむを得ない方法であった。ところが、アレンに韓国での公式活動を始める絶好の機会がやってきた。一八八四年十一月に起こった甲申政変（用語・人名解説112ページ参照）である。

この変乱で保守派の巨頭であり朝廷の実力者の閔泳翊（ミン・ヨンイク）が深刻な怪我をして瀕死の状態に陥った。当時の漢方医学では、二七か所も刃物で刺された傷を治療するのは困難な点が多かった。そこで、アレンが呼ばれた。彼は速やかに傷口の組織を切除して血管を梗塞させ、傷口を縫合する外科手術を断行した。そして、消毒と消炎治療で四十日間、力を尽くして閔泳翊を蘇らせた。これは単純に韓国人の有力者を生き返らせて褒美がもらえるという程度のものではなかった。鎖国思想が根深かった韓国において、西欧文化、特に西洋医学の信頼を獲得することができ、宣教師の身分を明かすことは困難にしても、彼が安定的活動を展開するきっかけになり得たからである。

これを機に韓国において近代式病院を設立するというアレンの計画は、一八八五年に広恵院、すなわち済衆院の設立へと結実した。病院建設と経営費というハード面は国家が支援して、医師と病院運営というソフト面はアメリカの宣教部が提供するという、半官半民の機関であった。これが韓国で設立された最初のプロテスタント宣教機関であった。韓国最初の宣教機関が官民合作で設立された事実は大いに注目すべきことであり、これは世界宣教史上ほぼ唯一の事例である。済衆院は、後にセブランス病院へと発展し、済衆院とともに設立された済衆院医学校は、セブランス医科大学と延世大学の前身となる。済衆院が半国営の医療機関として直接的な宣教活動を広げるには難点があったが、アレン以後訪韓したアメリカ宣教師は教派を問わず、一時的に済衆院を活動の拠点とし、ここで韓国宣教に向けて適応訓練を受けた。したがって、韓国キリスト教会史における済衆院のもつ意義は、筆舌に尽くし難いほど大きなものであった。

一方、韓国最初の福音宣教師とされる長老教会のアンダーウッド、メソジスト教会のアペンゼラーは、一八八五年四月五日の復活節に済物浦に上陸するが、すぐキリスト教信仰を伝播できる自由が与えられたわけではない。厳密に言えば、彼らは教育宣教師、すなわち教師の身分で訪韓したのである。まず、アペンゼラーは英語を習いたがる学生を集めて、ソウルの貞洞で学校を設立した。これが培栽学堂である。彼と同時期に活動を始めた女性宣教師メリー・スクラントンは女学校を設立した。これが梨花学堂である。一方、アンダーウッドは孤児を集めて、寄宿学校を開いた。これが儆新学校であり、以後韓国高等教育の使命を負って儆新学校大学部としてはじまったのが延禧専門学校（用語・人名解説112ページ参照）である。

最初の宣教師たちの活動が軌道に乗り、各教派別に多数の宣教師が訪韓して、韓国の全域で活動した。北では、平壌、開城、海州、宣川、江界、城津、会寧、咸興、元山など、南では、水原、清州、原州、春川、公州、大邱、安東、馬山、晋州、光州、木浦、全州、群山などの地域に宣教拠点（station）が設置され、地方宣教の中心地になった。そして、アメリカの北長老教会と北メソジスト教会の他にも、南長老会と南メソジスト教会、カナダ長老教会、オーストラリア長老会が先立って韓国宣教に着手した。また、これらの主要教派以外にも聖公会、救世軍、浸礼教（バプテスト）、東洋宣教会、安息教（セブンスデー・アドベンチスト）なども韓国に宣教師を派遣した。しかし、このように多くの宣教組織が朝鮮半島という狭い地域で活動を始めてから、事業の重複や不要な葛藤が生じた。そのうえ、主要宣教教派の中で、「教界礼譲」という宣教区域分割協定が締結され、教派ごとに割り当てられた地域を中心に活動を繰り広げることになった。これは効率的な側面がある一方、神学上の相違をも継承することによって、後に神学的信仰的分裂を生む要因となる。

一方、韓国で一定期間宣教活動を展開していた宣教師たちは、明確な教派の区別が何の意味もないことに気づいた。様々な被宣教地で体験したエキュメニズム（Ecumenism）（用語・人名解説112ページ参照）の自覚が韓国でも想起されたのである。韓国駐在の宣教師たちは「福音主義宣教師統合公会議会」という連合機構を結成して、ついに一九〇五年、韓国単一の教会案を満場一致で通過させた。彼らの夢は、韓国内で教派の区別のない一つのキリスト教を樹立することにあった。しかし、本国の各教派の宣教部は、教派の拡張を目的にしていたから、このような韓国現地のエキュメニズムに反対し、結局単一教会の理想は崩れてしまった。それにもかかわらず、各教派の駐韓宣教師は、学校や病院などの代表的な総合宣教機関の運営、聖書と文書事業、「コリア・ミッション・フィールド（The Korea Mission Field）」のような新聞や雑誌の刊行、何よりも各教派が共同で参加する神学教育の一致等においては、エキュメニズムの精神を維持しながら実践した。このような初期の韓国宣教方策の特徴を内外面一点ずつ挙げると、一つは形式的な「トライアングル方式（Triangle Method）」の使用である。これは、宣教拠点ごとに病院、学校、教会が三角点をなして建てられ、相互有機的な宣教協力をとる方式である。もう一つは、精神的に「三者」で特徴づけられる「ネヴィウス方式（Nevius Method）」の使用である。すなわち、自伝、自立、自治の三つに収斂される方式である。これは韓国キリスト教会が強い生命力をもって復興する精神的原動力になった。

しかし、韓国における初期教会形成の過程は、決して滞りなく進んだわけではない。初期の韓国政府の宗教禁止政策や警戒、カトリックの前例による「斥邪為正」政策はキリスト教宣教の最も大きな躓きであった。それればかりでなく、キリスト教に対する民衆的な抵抗意識も予想以上に強力なものであった。これと関係して、一つ間違えば宣教が本格的に始まる前にそれ自体が不可能になってしまう危機もあった。代表的な事例が一八八八年の「嬰児騒動（baby riot）」である。西洋の宣教師が病院や学校を建てて、韓国の子どもたちを誘拐して殺害し、眼球をくりぬいてカメラのレンズに使って、肝を取って薬として使うという、とんでもない噂が横行して、部分的にせよ民衆の間で騒然とした事態が生起したのである。笑い話のような内容であるが、当時の民衆はこれを深刻に受け入れたのである。梨花学堂を襲撃した群衆によって、学堂の守衛が命を落とすという事件まで起きた。全宣教師が本国の公使館から召還令を受けるようになり、活動は暫定的に中断された。韓国政府の迅速な介入と世論の高まりによって比較的早い時期に事件は収まったが、これは結局初期韓国キリスト教会が乗り越えなければならない民衆の抵抗意識をようやく克服した事件となった。

このような段階と過程を経て、韓国キリスト教会は固有の道程とアイデンティティを形成、韓国の民衆状況、国権の喪失と民衆の絶望という政治的民族的現実にどのように応答していくのかということが宣教課題の焦点とされたのである。

愛国心と信仰の結合、民族教会

韓国のプロテスタントは、受容初期における民族共同体との出会いにおいて直面した課題を乗り越えて、新しいアイデンティティを形成していかなければならなかった。すなわち、キリスト教自体がもつ外来宗教・思想としての排他性、その背景としてのカトリックの受容過程において形成された「反民族容疑」を克服して、新しい関係を構築していくという課題を抱えるようになったのである。しかし、当時のプロテスタント受容期が大韓帝国（李氏朝鮮）末期における国権の危機、あるいは国権の喪失期と重なることによって、状況的に「民族教会」形成の雰囲気が熟していた。ただ、この「民族教会」という性格が、韓国に受容されたプロテスタントのもう一つの神学的性格であり、自ら宣言した「政教分離」とは必ずしも一致し難い側面があった。「民族教会」という性格の中に「政治的方向性」が含まれていたからである。初期の宣教師の中には初期の韓国キリスト教会のもつ民族的または政治的な傾向を心配して警戒する人もいたが、彼らの心配をよそに韓国人の受容者たちは自らのキリスト教信仰と愛国、救国の目標を一致させつつあった。このような韓国初期プロテスタントの信仰傾向を描写した当時の宣教師の報告を見ると、その具体的な現象に対する理解がより深まる。

韓国キリスト教会がもつ最も興味深い様相の一つは愛国心である。ある日曜の朝遅く、北の方に着いた船から私たちは降ろされた。李さんは川の丘の村に私たちを案内した。竹の木の上に小さい韓国の旗があり、この旗は、クリスチャンの家や教会の上になびいていた。日曜日になるとクリスチャンの家や教会の上に旗を揚げることとは、宣教師の指示もないのに、韓国のクリスチャンの間で起こった実践であった。このようにしたのは、その日の性格を表明し、尊敬心を表すためであった。

（「ザ・ミッショナリー・ヘラルド（The Missionary Herald）」一八九八年三月、一一二ページ）

プロテスタント・キリスト者のこのような自発的な様相は「反民族容疑」とはほど遠い状況であった。さらに、当時の韓国民族が直面していた歴史的危機状況から民族共同体の進むべき道に積極的に参加するのである。それは、「民族教会」としての方向を設定するに至った。これは先述の通り、プロテスタントの宣教師や初期受容者がカトリックの典礼やキリスト教がもつ外来流入宗教としての限界を払拭しようとした宣教政策の努力の結果であった。しかし、より重要な側面はプロテスタント受容期の民族状況、政治状況によるものである。外来勢力の脅威による相対的な危機、特に日本帝国による侵略状況は、キリスト者に対して、民族問題が宣教課題の主たるものであるという認識を促し、どんな形であれ、このことに何らかの応答をしなくては、どのような思想もイデオロギーも構築できないという歴史意識を呼び起こした。しかも、外来勢力による危機状況において、やはり外来勢力流入という性格をもつキリスト教の本質を乗り越え、民族内部の問題に対応するために、より積極的に民族とともに歩む姿勢をとらざるを得ないという切迫した状況であった。

しかし、このような韓国キリスト教の初期現象の中で、それが有利な条件として作用するという構図もあった。同時代の他の宣教対象国や地域とは異なって、キリスト教国ではない日本の植民地侵略と、その日本を牽制できる西欧勢力によるキリスト教宣教、という「二元構造」を形成したことである。これは同じ時代に西欧帝国主義によって政治的、経済的侵略を受けて、「キリスト帝国の侵略」に対する被害意識が強かった他の第三世界の地域に比べて、キリスト教宣教の受容の幅が相対的に自由だった韓国の状況を反映する。これは一九〜二〇世紀の世界キリスト教の拡張史において他には見られない事例である。

政教分離と民族宗教

しかし、プロテスタント受容期の「韓国民族キリスト教」の形成がずっと順調だったわけではない。その理由の第一は、依然根強く残るキリスト教の「外来性」である。先述の通り、韓国の場合、「二元構造」によって、キリスト教宣教の帝国主義的性格が比較的少なかった。しかし、キリスト教を通じて日本帝国へ対応するということに民族的に期待がもたれたものの、全体的にキリスト教は外来のものであり、「反民族」的属性をもつという先入観が根底的には完全に解消されなかったのである。第二は、韓国に受容されたアメリカ型福音主義のキリスト教がもつ「脱政治的志向」である。「政教分離」を主張することによって、「脱政治化」、「脱イデオロギー化」、「非民族化」を主張する宣教神学は韓国キリスト教会の民族状況への適応に少なからぬ問題をもたらした。韓国の代表的な宣教教派である長老教会の公式な宣教原則において「教会の仕事と国の仕事は同じではなく、さらに我々が信徒を教えるとき、教会は国の仕事をする会ではなく、国の仕事には干渉しないのである」と明記して、政治問題に積極的に参与する韓国初期キリスト教会の方向性が改められている。これはプロテスタントがカトリックとは異なるという「異体宣言」の一つで、政治には干渉しないという独自の宣言である。アメリカの福音主義キリスト教の「教会と国家（Church and State）」の関係に対する神学的立場としての原則の表明などによって、教会と国家との関係に対する内外の意図が十分理解できる側面である。

しかし、日本帝国による侵略過程の真っただ中にあった民族状況の下で、多数の宣教師が主張していた神学的原則は、初期キリスト教の「反民族」的性格を再認識させ、その疑惑をさらに増す要因となった。しかも、当時韓国侵略と植民地経営に着手していた日本帝国当局が韓国キリスト教に対して求めていた内容が、徹底した「政教分離」、「非政治化」、「非民族化」であったことを考えると、この傾向はより一層明らかになる。特に一九〇七年の「大復興運動」（用語・人名解説113ページ参照）が進展して宣教師の主導と念願通り、韓国キリスト教会の信仰形態が「宗教性の強化」、「内面化の方向性」に転換することによって親民族的な方向へ座礁していったと考えられる。

したがって、この時期の韓国キリスト教会に民族運動の中核的存在としての役割を期待して参与していた初期の一部信徒が、教会の脱世俗的方向を批判して離脱する現象が現れた。「大復興運動」を「非民族化」、「非政治化」の過程として規定する評価も絶えず続いた。これは、韓国初期キリスト教会の信仰の歩みにおける受難であったことは明らかであり、また実際にそのような「非民族化」現象が一部進行した事実もある。

さて、初期韓国民族教会の形成史において提起された「政教分離」の福音主義的神学原則の概念については、一部指摘しておかなくてはならないことがある。宣教師や日本帝国侵略勢力の政策当局者は、韓国教会が「民族問題」あるいは、「政治的な国権回復の問題」に積極的に加担する傾向を批判しながら、その神学的根拠として「政教分離」の原則を挙げていた。しかし、アメリカにおける信仰自由国家の建設過程で形成された「政教分離」の基本概念は、国家権力の干渉や国教的な宗教政策の強制から自由な宗教信仰の保障、宣教および信仰伝播の自由を保障すべきという精神から出発したものである。言い換えれば、政治権力による宗教信仰への不干渉が主題であって、教会による社会参与などの公的実践を排除するところに中心目標があるわけではなかった。概念として形成された「政教分離」の原則が、当時の韓国では主題の中心が全く逆転して反対の意味として表明されていたのである。

しかし、多数の宣教師による宣教政策の方向、日本帝国の韓国キリスト教政策や宣教師との提携による韓国民族教会の形成および瓦解の過程とは別に、初期韓国プロテスタント・キリスト教会の形成を「韓国民族教会形成史」と規定することに反論する歴史家は全くいない。これはすなわち韓国プロテスタント初期教会が民族国家の状況に参与し、それと同種の民族教会であったことを意味する。

まず、韓国プロテスタント教会が伝来し受容された一八八〇年代半ばから、三・一独立運動が起こるまでの韓国キリスト教の辿った道を注意深く顧みる必要がある。この時期に進展した民族運動や国権回復運動の大部分はキリスト教と直接あるいは間接的に関連していることがわかる。大韓帝国（李氏朝鮮）末に義兵運動の一端、国籍補償運動や民族自彊運動の主流、独立協会やそれと関連した政治、言論運動、いわゆる「尚洞派（サンドンパ）」と呼ばれる独立運動リーダーシップの人脈形成とその具体的活動、すなわち、ハーグ（Hague）密使派遣や「乙巳条約反対運動」、ＹＭＣＡをはじめとする青年啓蒙運動と民族改造論など、国権回復を目標とした外交的な活動全般に、韓国初期キリスト者リーダーと一部宣教師が介入していた。特に「尚洞派」の場合、具体的にはメソジスト（監理教）尚洞教会と「エプワース（Epworth）」青年会、全徳基（ジョン・トクギ）牧師を中心とするキリスト教グループで、ここに参加し、関連した人物は事実上当時の韓国民族運動・国権運動人物全体を代表するといっても過言ではない。また、このように比較的穏健な方式の外交的、啓蒙的、精神的な運動路線以外に国内外で進行した実力行使、すなわち武装独立運動の事例までキリスト者が直接介入した場合が多くある。これらの事例は先述の通り、救国祈願礼拝、祈祷会、忠君愛国の集会、象徴的な国旗掲揚、さまざまな形態の愛国啓蒙運動などとして現れる民族教会の指向性よりもっと具体的な民族教会の痕跡にならざるを得なかったのである。しかし、韓国民族教会形成史のクライマックスは、やはり一九一九年の三・一独立運動の過程から浮き彫りにされるのである。

三・一独立運動における韓国キリスト教の役割

韓国近代民族史において、三・一独立運動ほど大きな歴史的意味のある事件はない。ところが、その影響や歴史性から見て新興外来宗教という特性をもち、当時としては少数宗教にすぎなかったキリスト教会とキリスト者が、この韓国近代史最大の歴史事件の中心に位置していたという点には、継続的な議論が求められる。もちろん、三・一独立運動がキリスト教のみの主導と参与によって生じた運動である、あるいはキリスト教精神と理念が具現された運動であるという意味ではない。実際に、三・一独立運動は宗教的にも天道教をはじめ、仏教とキリスト教がともに参与し、階層と地域、社会階級を問わずに、全民族がともに参与したからこそ、統合的な運動としての意義がより一層深まった。ただ、このような全民族的な大義と運動の一つの軸として、キリスト教が一定の役割を果たした事実に注目する必要がある。このような点こそ、キリスト教の歴史からも意義深く評価されるのである。

三・一独立運動におけるキリスト教の役割は、「運動推進の媒体」と「運動以後の受難」に集約される。まず、キリスト教がどのように運動推進の媒体としての役割を果たしたのか考えてみよう。当時韓国民族には全国あるいは海外連携の独自チャンネルがほとんどなかった状態であったのに対して、キリスト教は教会組織という全国的なチャンネルを維持していた。また、一部の宣教師や海外派のキリスト者が活動していた海外情報収集の窓口として機能した。このことは、非近代的な状況下で、三・一独立運動が全国規模で、比較的一斉に、そして国際的な認識と連帯によって推進できた要因となったのである。

次に、三・一独立運動にともなう責任について考えてみよう。三・一独立運動は結果的には失敗した運動である。独立を要求した運動目標の達成には至らなかった。また、日本帝国はこれを不穏な民族主義者による「騒擾事件」と断定した。これによって運動以後、さまざまな形態の報復と責任者の処罰が実行された。日本帝国によって公式な主導者の捜索と投獄が行使され、刑執行によって各地域別に多数のキリスト者が容疑をかけられ受難にあうという悲劇が起こった。日本帝国による非人道的行為および報復の虐殺がキリスト教会を中心にして行われたのである。広く知られている事実として、水原堤岩里教会、狩川里教会、花樹里教会、平南江西の磐石教会、孟山教会、満州のノルバウィ教会などは日本帝国の残虐な行為によって受難した。これは先述の通り、韓国キリスト教が初期からもっていた民族的社会的なイメージによるものであった。キリスト教会がもつ実質以上のイメージが被害をより大きくしたともいえよう。

一方、三・一独立運動と韓国キリスト教会との関係で特に注目すべき側面が一つある。すでに韓国キリスト教会は一九〇七年の「大復興運動」を経て、歴史的問題、民族問題への関心を呼び起こした教会として認識されている。すなわち、歴史参与の側面よりは、個人の救いや内面化により多くの重点を置いたキリスト教信仰へ変化したとする見解が多かったにもかかわらず、驚くべきことに、そのような「没歴史的」傾向の教会が三・一独立運動のような大規模の民族運動と歴史参与の過程において一つの主体として活動していたのである。単に、歴史参与に重点を置く民族教会的な方向と、個人の救いに重点を置くキリスト教とに二分化することによっては理解できない深い神学的意味がここには含まれているといえよう。

韓国キリスト教会の「信仰内面化過程」は一九〇七年を前後とした「大復興運動」であった。この過程を目途とした参与論者は「非民族化」、「非政治化」を取り上げながら、韓国キリスト教会による民族問題解決をあきらめた。しかし、これもやはり単線的な判断であった。つまり、そのような過程を辿った韓国キリスト教会自体が、先述の通り、三・一独立運動において一定の役割を担ったのである。特筆すべきは、三・一独立運動以前の「キリスト教民族運動」の最前線で活躍していた人物とそのリーダーシップが、そのまま三・一独立運動まで継続したケースはきわめて少なく、全体的に宗教的指導者とされていた聖職者がむしろ三・一独立運動のキリスト教指導者群を形成したという点である。このような「内面化」の過程を経た韓国キリスト教会が、具体的な事件である三・一独立運動で、より犠牲的であり、受難を担うべき分野で貢献したという結果はやはり意義深いこととして注目し、傾聴すべき側面である。結局、「イデオロギー的」な敵対感などのような様式ではなく、名実ともに宗教的な形式を備えていた韓国キリスト教が「民族教会」としての機能を担った事実が最も明らかとなり広範囲にわたった事件が三・一独立運動である。これは、受容初期の韓国キリスト教会に提起されていた「反民族容疑」という歴史的危機を見事に乗り越えた結果とみなすべきである。

第二章　韓国キリスト教の転換と模索

信仰の一つであれ、信念の体系であれ、あるいはイデオロギーであれ、ある傾向をもって方向がいったん定まると、それはかなり強固な継続性をもつという事実が、多数の歴史的事例によって示されている。韓国キリスト教史でいえば、宗教性の強化、「内面化」がその例である。具体的には、歴史超越的で神秘的あるいは黙示的な方向へ進み始めた韓国キリスト教は、一九〇七年以後、特に一九一九年の三・一独立運動が現実的な成果を得られないまま終息するや否や、より一層その性格を強めた。韓国キリスト教会の多くは、民族的現実に対して具体的なビジョンを提示する「この世」から離れ、いわゆる信仰的に昇華された「あの世」の目標に埋没していく様相を示すようになった。キリスト教会が現実的になりすぎて、思弁的あるいは政治社会的な方向に傾倒することも大きな問題である。一方、「没歴史的」方向に傾くこともやはり歴史的に大きな問題といわざるを得ない。すでに一九一〇〜二〇年代の韓国キリスト教会にこのような兆しが濃厚であった。

脱俗化した韓国キリスト教

自分自身はキリスト者でなかったが、キリスト教による新しい文化の伝来、そして民族の一員として、具体的役割に多くの関心をもっていた春園の李光洙（イ・グァンス）は、『青年』（一九一七年十一月）に「名誉の歴史を持つ朝鮮教会の未来には、悲観のみ存在する」と書いた。

事実、韓国キリスト教の初期には、韓国キリスト教が文化史的観点からも輝かしい業績を作り出していたのである。新しいものは全て、キリスト教共同体とそのルーツを通して紹介されたといっても過言ではない。これは「開花」黎明期における韓国の状況である。ただ、国権回復や民族独立という政治的関心のみならず、異なるもう一つの役割をもっていたのである。

なぜ、キリスト教の世界観と相反する「進化論的思考」さえも、韓国に初めて紹介されたルーツが宣教師とミッションスクールに代表される新教育の過程からだったのだろうか。

「開花」と称する「近代化の先端」として先駆的リーダーシップを発揮していた韓国キリスト教が、霊的関心である「内面性」、「宗教性」に深く陥り、「世俗」と「彼岸」を区別したとき、韓国キリスト教内外の進歩的世論はこれを危機としてとらえた。これを包括的に規定すると、韓国キリスト教が「歴史性」を喪失したことを意味する。これは、キリスト教が「聖」と「俗」を区別して、「この世」を離れ、「あの世」を選択することによって、交流することのない二次元構造に陥ったことを意味する。神学的には、この二つが「受肉的」に結びついていないという恐れであった。李光洙は、次のように批判している。

元々、神の仕事とこの世の仕事の区別があるはずがない。人類の福利のための事業は全てが「神の働き」であろう。牧師、伝道師だけが神の仕事をするのではなく、皆が神の仕事を担うのであるから、牧師、伝道師も実は神の仕事の一部を担当するのであって、商工業者や学者や技術者も皆一部を担当しているのである。決して、我々が日曜日に教会堂に行って賛美し、お祈りすることだけが神様への奉仕ではなく、他の六日間に行う人類の福利のための事業も全て神様への奉仕である。かえって、六日間奉仕して日曜日に安息すると言ったほうが、当たり前のことである。商工業者の内、どれも神様の働きではないだろうか。

李光洙「今日の朝鮮キリスト教の欠点」（『青年』一九一七年一一月）

この内容はどれをとってみても大きな神学的命題につながる。キリスト教の歴史、すなわち世界教会史の流れを考察してみると、このような聖俗の問題、「この世」と「あの世」の問題は常に緊張関係をもたらしてきた。その時々のいずれかの傾向によって主流神学が形成されてきた。李光洙の論調は、広く見ると宗教改革の神学が強調した「教会」と「この世」のつながりである。「聖」というものは、決して中世カトリック教会の高い尖塔に閉じ込められた占有物でなく、古今東西、どの国もどの言語にも、凡人にも聖人にも万人に共通して作用するという摂理の普遍性を主張するのである。その中心に聖書の言葉と福音の真理さえあれば、伝統や制度、あるいは特別なものがなくても、万人は摂理の中に存在するという主張である。このようなものがプロテスタンティズムの根拠であり、以後世界宣教の神学的基盤となる。もちろん、各自の信仰共同体と文化的に同質の集団が共に経験し告白する範疇の差はある。しかし、宇宙と世界が全て神の摂理という歴史認識が、むしろ聖俗の区分を解体し、互いの区別を緩和する機能として作用する。全ての歴史的現象とキリスト教理想が受肉的に結びついているという神学的認識を可能にするからである。ところが、このような参与的で歴史的な信仰形態が、時には特殊な経験や環境によって均衡を失って崩壊する場合がある。このような例が神秘主義、経験運動のグループ、セクト、迫りくる終末論に傾倒した共同体などである。

第一に現実が世俗化しすぎて、歴史の現象的地平において神の摂理を感知し得ないときである。第二に、現実があまりにも絶望的で歴史の中で神の意志である正義あるいは愛の完成などを感知できないときである。このようなときに脱世俗的環境が整う。社会主義者など現実認識が鋭い者が韓国キリスト教に注目し批判するとき、また民族共同体の未来への責任をキリスト者として担おうとした人々がキリスト教から去っていったとき、韓国キリスト教会はそのような環境にあった。三・一独立運動が現実的には挫折し、その終息過程でひどい犠牲を払った韓国キリスト教の進路は、実に絶望状態そのものであった。

脱世俗的な復興運動家たち　吉善宙と金益斗と李龍道

吉善宙（キル・ソンジュ）は一九〇七年の「大復興運動」の時から韓国キリスト教のリーダー

だった。彼は韓国キリスト教会の中心人物で、三・一独立運動代表三三人の一人でもあった。彼こそ、聖書の代表的な終末論すなわち「ヨハネ黙示録」を繰り返し読み上げて「宗教性」を強調した指導者であった。一九〇〇年代に始まった彼の信仰運動は一九二〇年代に絶頂期を迎え、全国の教会を強力に牽引した。現実に希望が持てなくなった多くの信者と民衆は、彼のメッセージから迫りくる終末の預言を聞き取り、この世の終わりと審判、また新たに始まる歴史の夢を見た。西北、畿湖地方はもちろん、関北、三南、満州に至る広い集会地域で、個人の悔い改め、黙示的な幻、救いに対する確信、彼岸と来世の祝福に対する旋風を巻き起こした。彼は長期間祈祷し、聖書をきわめて深く調べ、聖霊の降臨を実感し、教化を受けた。しかし、民族の現実に対して具体的なビジョンを提示する「歴史的キリスト教」としての使命に対しては忠実でない様相を見せた。

金益斗（キム・イクドゥ）は、噂通りのごく世俗的な人物であった。しかし、信仰的な感動を大いに受ける機会を得て回心した復興運動家である。彼は癒しと奇跡の能力をもつ牧師であって、彼の集会が開かれる場所には全て不思議な証が現れた。特に癒しの能力に優れていて、病いの霊に悩まされていた民衆の間に人気が高かった。彼もやはり復興集会を開催して全国を巡った。行くところごとに奇跡が起こったという詳しい報告が多い。ついには、彼の集会で起こった説明し難い現象を明らかに証明しようとする『奇跡の証明』という書籍が発刊されたほどである。彼はもう一つの形態で民衆を慰める者になると同時に、科学的かつ合理的で近代的認識の基礎をもつ人々に、キリスト教や宗教的な信仰のもつ非合理性について攻撃させる原因を提供し続けた。彼にもやはり、従来の韓国キリスト教において容易に見ることができた「民族性」、「歴史性」などは存在しなくなっていた。

李龍道（イ・ヨンド）は、前述した二人の活動時期より少し後に活動を開始した人物である。民衆的な影響力においては誰にも劣らなかった。彼は、一時期、民族問題、現実問題に直接関わって正義のために歴史的役割を果たそうと尽力した。しかし、神秘的宗教家としての内面を発見して以来、全国の集会で独特のカリスマ性を発揮した。彼もやはり没歴史的で、脱現世的なイメージが強かった。

彼らの信仰運動の傾向は、歴史的な宗教家としてのキリスト教の均衡感、しかも民族危機における求心的な牽引体としてのキリスト教に対する期待感から見ると、これ以上は望めない模範であった。このような復興運動家たちの活躍と旋風、数多くの民衆キリスト者の尽力が一九二〇年代以降韓国キリスト教会の信仰運動の主流を築いたのである。

新しい小グループ信仰運動の台頭

韓国キリスト教会の没歴史的な信仰現象を大きく歓迎したのは、日本帝国当局であった。歴史に無関心で政治的判断を見送る非預言的な信仰傾向は、日本帝国による韓国政策の面からは大いに歓迎されるところであった。もちろん、一部宣教師、特に内在信仰中心の傾向をもつ宣教師たちも、やはりこのような現象に反対しなかった。韓国キリスト教の「非イデオロギー化」を彼らは当初より望んでいたからである。しかし、宣教師の大多数は事実上均衡のとれた信仰形態を重視するプロテスタント正統派であった。さらに、三・一独立運動以後、日本帝国のキリスト教に対する蛮行と誇りは、多数の宣教師に「反日」の傾向と名分を蓄積させた。したがって、この時期独特の力学構図をみると、日本帝国が韓国キリスト教の没歴史化を示唆することによって、教会の社会参与を極度に制限していた。一方、宣教師のほうは韓国キリスト教会の均衡的な成長、日本帝国の反キリスト教行為を制御する勢力として機能していた。韓国キリスト教には、宣教師との協力と独立、日本帝国との緊張と提携という錯綜した構図が見られるのである。

これにもう一つの変数として作用したのが、「朝鮮的キリスト教」運動グループだった。このグループは、神学的、教会政治的意味での宣教師の干渉と統制から離れようとする独立した教会運動体から始まった。彼らが「反宣教師」の旗印を高く掲げたとき、日本帝国はその「反宣教師」性を大いに歓迎した。これは初期韓国キリスト教史の中で、日本帝国と宣教師側が提携して、民族教会への道を歩んでいた韓国キリスト教を制御した時代的構図とは、まったく異なる形態であった。たとえば、一九一〇年代に現れた崔重珍（チェ・ジュンジン）の「自由教会」、以後、金圧鎬（キム・ジャンホ）、李万集（イ・マンジプ）、辺成玉（ビョン・ソンオク）などが樹立した「朝鮮キリスト教会」という独立教会運動は、日本帝国の支援を受け、親密な関係を維持する立場をとっていた。結局、彼らが「反宣教師」運動を展開するためには当時の三角構図から見て、日本帝国を軸として、それに迎合する様相を見せるに十分な状況であった。

しかし、「朝鮮的キリスト教」という神学的標語を主張していた信仰運動体の中でも、そのような構図から完全に外れて「反宣教師」を堅持しながらも「抗日」運動を繰り広げた例外が、金教臣（キム・キョシン）（用語・人名解説113ページ参照）の思想と神学である。『聖書朝鮮』という信仰雑誌の発行を中心とした「無教会運動グループ」と称されていた金教臣グループは、宣教師からの神学的制度的独立を主張する独自の信仰路線をとった。思想的には最も強力だった民族キリスト教論を堅持して、日本帝国の支援や信仰歪曲に強く反対した。民族状況独自の文脈から聖書を読んで実践すべきだという「聖書民族主義」に固有の目標をもち、それは「聖書朝鮮事件」に強く現れる。この事件によって、日本帝国当局は金教臣共同体が主張した韓国民族の「聖書的希望」について非常に警戒し、このグループを過酷に弾圧した。金教臣は『聖書朝鮮』に寄稿した一編のコラム「弔蛙（非常に苛酷な状況の中でも生き残った蛙を描写して、民族回生の希望を描いた）」によって投獄の受難にあい、雑誌は廃刊した。

さらに、これと同じく出発した独自路線ではあったものの、既成の教会制度の採用こそ信仰運動の拡大に結びつくとして、新たに韓国的な教団を創設した人が崔泰瑢（チェ・テヨン）である。これが「福音教会」である。

一九二〇～三〇年代を特徴づけたこれらの新たな小グループの信仰運動は、韓国キリスト教会の主流を形成するまでには至らなかった。しかし、これら小グループがこの時期の韓国キリスト教史を理解する大切な要素であることは明らかである。

啓蒙的な社会運動の形態

韓国キリスト教会の一九二〇〜三〇年代を考察するとき、様々な複合的特徴が見られる。神学的には保守的な根本主義が主軸になり、個人的信仰は復興会的な信仰運動にのめり込み、個人の救いに傾くようになっていた。そして、一部の少教派は既成教会のマンネリズムを批判することによって、独自の信仰運動を展開した。最も大切なことは、三・一独立運動以後、韓国キリスト教会は社会的関心も歴史的責任も見失っていたという点である。しかも、民族問題に対しては、すでに深い隙間によって隔てられてしまったという見解が、当時の民族の左派系列、特に社会主義者によって強く主張された。近代的科学主義を支持していたエリート層は韓国キリスト教の進むべき道について、批判的見解を持っていた。

しかし、一部路線はこの時期に活発な社会参与の目標を遂行して、一定の成果を上げていた。最も重要な分野は、ＹＭＣＡが中心となって先導していた農村運動である。後には、長老教会、メソジスト教会の総会や本部でも農村部を新設してこの運動を展開し、一時大きな成果を上げることもあった。当時、日本帝国の強力な植民地収奪政策によって疲弊した農村状況は、韓国教会の社会的関心を第一に刺激する要因にならざるを得なかった。生産性向上と所得増大、新しい農事法の普及、並びに啓蒙的な次元の農村教育や意識改革運動が展開された。また、識字教育や「常緑樹運動」もキリスト教系エリートの使命感を高めた。他にも禁酒、禁煙、節制運動などが、各教会を運動母体として活発に展開された。

しかし、当時の韓国キリスト教による社会運動には、一定の限界があった。具体的な例を挙げれば、キリスト教の農村運動を見るだけでも、運動の方向あるいは目標が奇しくも日本帝国の政策的指標と一致する側面があった。米の増産や農業生産性の向上などは、総督府の一貫した農村施策と同じ軌道に乗っていた。この時期における韓国キリスト教による社会運動は民族的抵抗や植民地収奪への対抗という構図のなかで、きわめて脆弱な側面をもっていたのである。最終的に運動の目標設定や民衆的呼応から大きな成果が上げられない結果にとどまる要因になった。

海外宣教活動の始まり

広義でのキリスト教の社会参与や歴史的責務は、すべて宣教課題として認識されるものである。宣教の形態が社会問題に対する的確な応答として現れるのが社会参与であり、神学的には預言行為である。もちろん、宣教の中心はキリスト教の福音を伝え、キリスト教的な文化と思想を拡大するという直接的行為に適用される。近代以後、韓国は代表的な被宣教国であり、受容されたキリスト教が普及した地域である。しかし、受容の歴史が浅く、展開される段階からひどい迫害と受難を辿った韓国キリスト教会が早くから海外宣教を遂行し、これを使命として受けとめ、継続したことは韓国キリスト教史において特筆すべきことである。

韓国キリスト教会の海外宣教は、近代以後様々な理由で、海外に移住して生活の基盤を築き上げてきた韓国移民者のための宣教プログラムと、純粋に近隣他民族に自分が受容した福音を伝播しなければならないという宣教的な使命感によるものとに分かれる。一九〇三年と記録されるハワイのサトウキビ農場への韓国勤労者の進出、すなわち米国への韓国移民史の始まりとともに韓国キリスト教会は伝道師を同時に派遣して韓国人教会を設立するなど、移民の歴史と宣教の歴史が一致する。日本帝国下の経済的破綻に耐えられず、放浪の旅路に発った移住韓国人の生活の基盤ごとに、間違いなく韓国キリスト教会は宣教師を派遣し、その地に韓国人教会を設立した。米国における韓国人教会の歴史は、もちろん、他の韓国人移住地域に分布している韓国キリスト教会の宣教努力の結実であった。

一九〇七年、大韓イエス教長老会議の独立老会が組織されたとき、現在ほど往来ができなかった済州島に李基豊（イ・ギップン）牧師を派遣して公式に宣教教会設立を決議したのをはじめ、一九一〇年代に中国人のための宣教を目的とした韓国宣教団を派遣し、モンゴル、シベリア、中央アジアに至る地域まで韓国人宣教師を派遣した。徹底的に被宣教教会であり、被宣教国であった韓国キリスト教会が、他に対して宣教を開始したことは、世界宣教史上例のないことである。韓国キリスト教会が被宣教教会であると同時に宣教教会としても機能するという進取性を示したのである。これは信仰的な熱意、すなわち、信仰の内からほとばしり出る強烈なエネルギーが作用した結果で、韓国キリスト教会の歴史的責任、広義での福音受容の実践的使命を果たしたといえよう。特に、「没歴史的信仰」として規定されていた一九二〇年代以後、最も活発な海外宣教プログラムを拡張していったという事実は、この時代の韓国キリスト教史を新たに評価すべき要素になることは明らかである。このような側面から見ると、歴史上あまり顧みられることのなかった韓国キリスト教会の現象、神学、あるいは危機段階の背後に存在する新しい参与方式に再度注目する必要がある。

第三章　韓国キリスト教の抵抗と屈折

一九三〇年代半ば以降、韓国プロテスタント教会は、それまでに経験した様々な受難や迫害とは比較にならないほどの弾圧に直面した。すなわち、宗教信仰の単なる外面的な表現行為に対する規制や宣教の便宜性が侵害されるという表面的な抑圧だけでなく、信仰や信念そのものに対する変形をもたらす、より根源的な抑圧を受けるに至った。「神社参拝」の強制に直面し、「キリスト教の天皇化」、「天皇崇拝」、「反平和的な軍国主義への志向」などのプロセスに直接的に参与しなければならない状況を迎えたのである。

これに対して、韓国キリスト教会は一応強く抵抗した。当時までに形成された韓国キリスト教の保守的で強い正統主義信仰は、信仰の根源への弾圧に対して殉教も恐れない強いエネルギーをもっていた。これは後述するが、非政治的、非民族的、歴史参与的というよりは、個人的で内面的な信仰を重視したキリスト教信仰の傾向が、政治的弾圧よりは、むしろ宗教そのものに対する弾圧への鋭敏な反応を証明するものである。すなわち、この時期における韓国キリスト教会の抵抗主体は、より保守的で脱歴史的な種類の信仰が中心となっていたということを意味する。しかし、日本帝国末期における韓国キリスト教会の抵抗は、強力で極端な弾圧政策によって長続きはしなかった。多数のキリスト者が拘束されるようになり、少数の信仰深い人物のみが最後まで抵抗し、その純粋性と正当性を継承した。

ここで、韓国キリスト教会と対決した日本帝国の実体は、政治的イデオロギーや国家権力ではなく、国家宗教としての天皇制イデオロギーであったことに注目する必要がある。

天皇制は政治的イデオロギーなのか、信仰的な宗教なのか

天皇制が政治的イデオロギーなのか、宗教的カリスマをともなう信仰的なものなのかという問題に対しては、いまだに解釈に相違がある。しかし、政治的目標の下に体系化された制度とそのイデオロギーが、時代と状況にともなって信仰的な特性を帯びたことは明らかであり、今日の「象徴天皇制」にも一部、その気配は潜んでいる。もちろん、天皇制は宗教制度ではないし、天皇制イデオロギーがひとつの宗教としての要素をすべて兼ね備えているわけでもない。しかし、天皇制が一時的に、特に日本帝国末期の軍国主義ファシズムと結合して日本のアジア及び世界侵略戦争と植民地経営、法人の国民統合のための主な理念として活用されるときには、強いられた「宗教体系」としての特性を強く帯びたのである。これはすでに、日本国内外の多くの学者によっても歴史的に確認されていることである。

天皇は古代より長期間存在していたが、歴史的に意味を持つのは「明治維新」以後形成された

近代天皇制である。維新の主導者は、二つの側面から「天皇制」を強化する必要性を感じた。一つは地方分権である。それは「幕府制度」の伝統を持つ日本政治史の特性上、これを強化して強力な中央集権力を向上させる必要があった。これこそ日本政府が強力なエネルギーを結集して近代化と西欧式の帝国主義を樹立する基盤であった。いま一つは、西欧文明を受容して急速な近代化を推進しながらも、西欧思想の根本となるキリスト教の受容を牽制しようとする立場が強かった点である。これが「和魂洋才」、すなわち外面的な文明は西欧のものを受け入れるが、内在の魂だけは日本のものをとるという政策であった。このような意識下で、事実上西欧の精神的基盤であるキリスト教を防御できる日本式の精神体系を創り出さなければならなかった。これら二つの直接的な政策によって日本は天皇制を強化し、そのイデオロギーを創出した。また、それに関連した宗教体制として「国家神道」を世に示したのである。

一方、日本の伝統的な宗教体制としての「神道」は、多神教、現世利益中心の宗教形態を堅持し、日本の民間に長く浸透していた。同様に仏教や儒教のような高等宗教の流入が日本の宗教体系に一定の影響を及ぼし、その文化的な基を創り出したことは事実である。しかし、日本民衆に有効な宗教信念の体系としては神道の影響力がもっとも強かった。このような神道と、政治目的で作られた天皇制と結合したのが「国家神道」である。日本政府は「国家神道」を宗教として規定していない。このため、神道を「教派神道」と「国家神道」に区分し、「教派神道」は宗教として、「国家神道」は国家が監理する国民儀礼の根本であることを宣言した。もちろん、「現人神」

にまで神格化された天皇の神聖性と「神道」が結合され、そのような天皇を頂点とする「国家神道」が強力な「宗教性」を帯びていたことは、若干の関心をもつだけですぐわかる事実である。日本帝国は、神社参拝を義務とすることによって、このような「国家神道」を全国民、そして植民地の韓国のすべての人に強制した。これには、日本帝国の政治的な目標がともなっていたのである。しかし、それは「国家神道」と天皇制がもつ宗教性のため、最もひどい宗教弾圧として現れた。どれほど日本政府が「国家神道」は国民儀礼にすぎないと主張しても、初期には日本のキリスト者までもこの信念体系がもつ宗教性のため、唯一神信仰を侵害するのではないかと恐れていたことがうかがえる。その理由は、第一に、「国家神道」に対する参拝にも祝福を祈り、個人と国家、共同体の安全を祈る宗教的な行為が含まれていた点である。事実上、公的身分の「国家神社」の諸監理も国家と個人、共同体のための宗教的な祭礼儀式を執行するという点である。第二に、「国家神道」の頂点となる「天皇」の権威が、「現人神」として絶対的な崇敬を受けるという構造は、宗教性を如実に示すという点である。これこそ日本帝国末期の韓国キリスト教が天皇制イデオロギーあるいは「国家神道」と対決した最も中心的な理由である。日本帝国末期における韓国キリスト教の受難の過程は政治的権力による宗教信仰への弾圧であるといえる。これは従来「政教葛藤」として定められてきたが、筆者は「教教葛藤」として位置づけた。というのは、一つの宗教としての「天皇制イデオロギー」と「キリスト教信仰」との葛藤過程と把握するからである。

神社参拝と天皇崇拝の強制

日本帝国の韓国強制占領が始まって以来、神社の建立と「国家神道」の国民儀礼、日本宗教の流入、そして天皇の神性崇拝などは初期から絶え間なく強いられてきた。全国に神社が建立され、一九二〇年代にはソウルの南山に「朝鮮神宮」が建立されるなど、神社参拝強制の歴史は植民統治の進展と軌を一にするものであった。しかし、本格的に強制され、義務的に神社参拝が開始されたのは、一九三〇年代以後と考えるのが妥当である。ミッションスクールをはじめ、キリスト教界にこれを全面的に強要して、信仰的葛藤が本格化したのは日中戦争が起こった一九三〇年代半ば以後である。

「平壌」でキリスト教系学校の教員と学生に対して強制的に神社参拝を要求した。それがいわゆる「三崇」である。すなわち、「崇実、崇儀、崇仁学校」というミッションスクールを経営する長老教宣教師と摩擦を起こしたからである。まず、この問題が本格化したとき、アメリカ宣教師と韓国キリスト教界の指導者は「国家神道」が単純な国民儀礼という日本政府と総督府当局の説明を認めなかった。個人の信仰と良心の自由に任されない神社参拝の全面的な強要は、信仰の自由に抵触し、キリスト教の偶像崇拝禁止という唯一神思想との葛藤を引き起こすものとみなした。これに対して、日本帝国は神社参拝を全面的に強制し、キリスト教学校がもし神社参拝を拒否する場合は、学校設立の承認撤回や学校の閉鎖措置をとらざるを得ないという強硬な方針を立てた。当時、日本は日中戦争以後、太平洋戦争に移行することによって、天皇制イデオロギーを強化し、国家体制を宗教集団に準ずる絶対的価値とした。これを一層強化した後半期には、天皇崇拝と神社参拝強制が想像を超える段階に進んだ。たとえば、天皇は、すでに神の境地を超え、どのような神聖な権威とも比べられない位置にあることを強調するまでに至った。当時の多くのキリスト者を拘束して尋問した警察や検察の調書記録によると、次のような幼稚で単純な比較を試され質問がなされていた。

問い：天皇陛下と神様とでは、どちらがより尊くて偉大なのか。
答え：次元が違う話なので、比較できない。
問い：君たちが言っているような最後の審判の日に果たして天皇陛下も大日本帝国も審判を受けるのか。
答え：天下の全ての創造物のうち、審判を免れる存在はない。
問い：天皇陛下も果たして被造物であり、原罪を犯したのか。
答え：イエス・キリスト一人以外には、原罪から自由な存在はいない。

この質問は、明らかに宗教の根源的な意味での葛藤や弾圧である。このような厳しい抑圧に対し、脅威の下で初期韓国のキリスト者はこれに毅然と対処した。ただ、教派によって対応態度が多少異なっていた。たとえば、カトリックの場合は、初めから日本政府が主張した「国家神道」

の国民儀礼や天皇の政治的権威などを容認して神社参拝などを受け入れた。プロテスタントの中でも、メソジスト教会などの場合には、一部個人的な抵抗があったものの、特にミッションスクールの場合がそうだったのである。しかし、神社参拝を国民儀礼として受け入れるとしても、キリスト教学校や教会の存立自体がより大切であるとする包容的な立場を早くからとっていた。神社参拝強制に対して積極的に反対の立場をとっていた宣教師が多数追放された後、日本帝国に対する抵抗の代表的立場をとっていた長老教会など、大部分の教会が強圧に屈服し、聖潔教会、安息教会など、迫りくる終末論や再臨思想などを信じていた少数派の中には、強制的に解散させられるケースもあった。

韓国キリスト教会主流の屈折

天皇制イデオロギーが強力な軍国主義ファシズムと結合して、狂信的で一元的な政治体制と理念を形成していた日本帝国末期、すでに日本でも韓国でもキリスト教のアイデンティティは維持しにくい状況だった。キリスト教の唯一神の信仰体系を守るために、日本のキリスト者も同じように変形したキリスト教を「日本的キリスト教」（用語・人名解説113ページ参照）という命題で合理化していた。さらに、日本プロテスタント教会は政府の方針すなわち宗教団体法への順応として日本キリスト教団という一つの教団に統合した。このような「日本国民」としての特殊なアイデンティティによって「キリスト者」としての普遍的地平を否定する事例が多く現れた。韓国キリスト教の場合は、その状況がより深刻であった。日本帝国末期になって、韓国の統治者は民族教会として、また西欧帝国との一つのチャンネルとしての特徴をもつ韓国キリスト教会を残滅しようとする政策を遂行した。単純にキリスト教の信念体系を天皇制イデオロギーに隷属させようとする思想再編のためだけでなく、民族性の排除という植民政策の目標が付け加えられたものである。この頃、韓国キリスト教は、「キリスト教そのものとしてのアイデンティティ」と、歴史的過程をもつ「民族教会としてのアイデンティティ」の両者ともが脅かされていたのである。

韓国における代表的教団である長老教会は、一九四三年に発表した「信仰実践要綱」で次のような内容を宣言することによって、これ以上はないと思われるほどの屈辱を露呈した。

各信徒の家庭ごとに神棚を設置し、皇道精神に徹底して奉公すること、国体本義を基礎として忠君愛国の精神と敬神嵩祖の精神を涵養すること、我が国の順風美俗を尊重し、強直な気風を養い、堅忍持久の強固な意志を鍛えること、神道の皇民育成の実を成らせるために皇国古典および国体の本義に関する指導教本を編纂すること、各地域に育成会を開催して牧師および信徒の育成に努め、特に皇国文化の研究指導を図ること。

この実践要綱のどこにもキリスト教会のアイデンティティや信仰共同体の目標を遂行しようとする意志は見られない。当時、日本帝国が図っていた「皇道国家」の指標、全体主義と戦争を煽動するするファシズムに動員されている姿を発見するのみである。当時のキリスト教会の組織はその存立条件として、組織のネットワークを用いた植民地動員、天皇制強化の先頭に立たなくてはいけないという歪曲的状況を経験しなければならなかった。教会は自ら信仰修練や信仰共同体成熟のためのプログラムを立案して、信徒の倫理と経験を指導することができなかった。逆に、教会もまた国家に隷属した組織として国民全員が一つの頂点に向かう帝国主義的な天皇崇拝の「神聖宗教国家」の目標に取り込まれたのである。これは単に特定の教派に限らず、長老、メソジスト、その他を問わず、共通して受け入れざるを得ない存立条件であった。

このような問題が日本国内でも一定の抵抗と葛藤を引き起こした。さらに、韓国内では継続的対決、葛藤、弾圧が展開された。しかし、ある程度時間が流れ、より強固な日本帝国の強圧が続くと、主流教会は次第にその存立自体のために順応し、適応する様相を示しはじめた。政治的判断としては、日本帝国の滅亡は現実的に不可能であるように思われた。したがって、韓国の独立もやはり遠ざかってしまった。それはもはや念願にすぎなかったのだという雰囲気が高まった。多数のキリスト教指導者や神学者は、このような現実認識によるキリスト教のアイデンティティの変容を、「日本的キリスト教」の創出と「日本的な神学」の名のもとに合理化した。日本帝国内のキリスト教はもちろん、韓国キリスト教も徐々に「日本化」の名分に変容する過程を辿ったのである。長老教会の信仰生活実践指針やメソジスト教団の信徒生活指針において、天皇崇拝や国家報国の実践要綱が強調され、外面的行為によって日本帝国動員の現象を見せるのは、むしろ表面的なことである。時間が経つにつれてキリスト教の内面、本質問題に対する危害が増し加わり、深刻なアイデンティティ混乱の危機に遭遇した。

一九四〇年代に入って「ユダヤ思想の排除」、「旧約聖書と新約黙示録の排除」、「四福音書のみを中心とする教理宣布の強調」、「勇壮な音曲と十字架軍兵などの歌詞を含んだ賛美歌の禁止」などが強制された。要するに、キリスト教の核心的な思想や信仰の本質、思想体系などを「日本主義」や「天皇制イデオロギー」に従属させ、これに相反したり、対立したりする要素は排除し、これらを非歴史的で超越的な産物として考える方向へと進んだ。宣教師が政治的または宗教的理由で全面追放され、キリスト教内部で神学的に保守的な立場を堅持していた闘争家が隔離された以後、独立直前の韓国プロテスタントは、完全に日本の変形プログラムによって再編され、屈辱を受けるに至った。

日本帝国末期の弾圧状況を単純にキリスト教に相反する強力な独裁政治体制による弾圧とみなすか、宗教的性格をもつ国家権力とキリスト教との信仰体系間の葛藤とみなすかによって、その疲弊の程度は異なってくる。もし「政教葛藤」の過程と見るならば、むしろ、ひどい弾圧の過程でもキリスト教のアイデンティティそのものが変質したり、放棄されたりしたのではない可能性もある。しかし、日本帝国末期の強力な軍国主義ファシズムと結合した天皇制による国家体制を、宗教国家ないしは宗教体系と規定するならば、この時期の葛藤は、唯一の神聖なる信仰体系をもつ宗教間の衝突、すなわち、「教教葛藤」の関係とみなすべきである。このような過程において、キリスト教が日本帝国に順応し、屈折した事実は、一つの宗教信念体系の徹底的な誤解、信仰本質の変形と規定しなければならない状況にまで至る。日本帝国末期、多数の教会が陥った姿は、これほどまでに至ったのである。

韓国キリスト教の少数抵抗

日本帝国末期における韓国キリスト教の抵抗主体は、大きく二つのグループに分けられる。すなわち、長老、メソジストの主流教派に所属する牧師や一般信徒の中で、特別に神学的保守根本の信仰基調を維持していた系列と、最初から主流教派とは一定の距離を置いて小宗派と呼ばれる独特な信仰基調を維持して再臨思想や迫りくる終末論を堅持していた教派、あるいは無教会主義者ともいえる既存教派の制度を否定していたグループなどに分けられる。

ただ、どのような教派やサークルにも共通していた点は、神学的には保守、歴史理解においては再臨思想や迫りくる終末論を堅持して、現実の歴史的進展を一時的で周辺的なものとする「脱歴史性」を帯びていることである。より包括的にいえば、信仰的論理により忠実な種類の信仰のかたちなのである。これは歴史において果たされるべき公儀の問題とか政治的正義の問題よりは、偶像崇拝の徹底的排除などの信仰的徳目をより重視する保守的信仰なのである。これが日本帝国末期の韓国キリスト教における抵抗主体であった。彼らの抵抗は、民族的本質や民族的抵抗の表現とみなすことはできない。つまり、信仰的な動機、信仰的な純粋性を守る殉教的姿勢によるものであった。彼らは「あなたには、わたしをおいてほかに神があってはならない」という十戒の第一項に忠実に従ったのである。日本帝国は、彼らの抵抗に対して強制、圧力、拷問、拘禁という直接的な方法を用いる一方、神社参拝や天皇崇拝の内容が宗教的、信仰的なものではなく、国家、国民儀礼に過ぎないという論理で説得しようと努めた。これは「神社非宗教論」とも言うが、ここには日本の官憲だけでなく、早くからこれを受け入れて順応し、「国体」に応えた日本キリスト者も動員された。一つの例を挙げると、日本キリスト教会代表富田満牧師一行が韓国キリスト教会を訪問、神社の非宗教性を強調する任務を遂行したことからもよくわかる。富田牧師は韓国における神社参拝反対運動の代表的人物で、獄中で殉教した朱基徹（チュ・ギチョル）牧師（用語・人名解説114ページ参照）の平壌山亭峴教会を訪問した。これについての議論を日本のキリスト教新聞である「福音新報」は、一九三八年七月二一日付で、次のように報道している。

朱牧師が主任している山亭峴教会堂で四老会の論客が集まり、懇談会を開催した。この教会の主任牧師は、前日警察の留置場から釈放されたばかりだった。主題は、神社参拝問題だった。富田さんが神社は政府が国民儀礼として宗教ではないと規定している以上、宗教ではないという事実をさまざまな法令を用いながら、繰り返し説明すると、いろいろな質問が多く出された。

神社参拝と天皇崇拝強制という日本帝国末期の状況において、これを宗教とは無関係と説いていること自体が、韓国キリスト教会の抵抗エネルギーの中心がどこにあったのかを如実に示しているといえよう。結果的に、日本帝国末期の状況は、宗教的信念体系の間の葛藤であることが明らかであり、そのことが日本の天皇制イデオロギーの実体、日本帝国末期の国家の政教関係を明解に説明している。このような条件下で、歴史参与型の信仰基調や歴史意識の強い進歩的キリスト教グループよりは、信仰信念のきわめて保守的な正統主義、文字的な聖書解釈や根本主義的な信仰基調をもつ、より宗教的なグループによる殉教的抵抗が際立つようになる。

そして、ここで注目すべきもう一つの「現象」を見逃してはならない。日本帝国末期に韓国において保守的であり、信仰中心的なキリスト者がキリスト教の抵抗主体としての先鞭をつけたのである。日本帝国は、彼らの抵抗を壊滅させて、韓国キリスト教の全面的協力と戦争動員を図ったが、失敗に終わった。当時、日本政府の偶像性や「宗教国家」としての特徴である信仰的な純粋性を守ることを念願する主流教派の極保守グループ、小宗派信徒を説得することができなかったのである。したがって、彼らの大多数が信仰的な理由で日本帝国の強制に応じることなく、抵抗した。しかし、彼らの抵抗は、日本帝国の国家的動員と煽動に全ての構成員が共に参与、参画する体制で、反逆的な行為にはならなかった。よって、韓国キリスト教が抵抗する動機は、純粋な信仰的発露だったにもかかわらず、日本帝国の立場からは韓国民族主義の反日の現象とみなさざるを得ない状況であった。動機よりは、現象と構図が重要視されたのである。これは明らかにアイロニカルな歴史的事実である。結局、朱基徹などの保守主義的な牧師や信徒は、日本帝国末期の状況で韓国キリスト教会の民族的抵抗を最後まで貫いた代表者であった。

信仰と民族を結合した抗日の一つの模範　金教臣

日本帝国末期、韓国キリスト教の主流でもなく、影響力も持っていなかった一般信徒の指導者が金教臣である。彼は、無教会主義の信仰者である内村鑑三の教え子であった。生涯教師として働きながら『聖書朝鮮』という雑誌を発行して、信仰運動を引き起こした人物である。彼は韓国人の聖書的、信仰的使命を強調し、どれほど暗い現実においても信仰的希望をもって挫折することのない抵抗者であった。彼は歴史を消極的に見たり、超越的に見たりする没歴史的な視点を持っている人物でもない。また、無条件的に現実に飛び込んで力で独立を奪取しなければならないというような過激な参与論者でもなかった。ただ、聖書に証言された真理をひたすら信じて、これを民族の遠大な希望に結びつけて、生涯を貫いた命題どおりに「聖書」と「朝鮮」を一つにまとめる「聖書民族主義」の思想を持っていた。日本帝国末期に、彼は次のようなコラム「弔蛙」を、自ら発行する雑誌『聖書朝鮮』に寄稿した。

春雨降るある日の明け方、この岩の隙の氷塊もとうとう融ける日が来た。久しぶりに友達の蛙君の安否を窺おうと塀の中をしゃがみこんで探して見たら、ほぉ、蛙の屍が二・三匹、塀の端に浮かび上がってくるではないか。考えるに、去年の冬の酷い極寒に小さい淡水の底まで凍りついてしまって惨事が起きたようである。例年には、凍らなかった底まで凍りついたからのようで、凍死した蛙を集めて埋めてやって、見ると淡水の底にまだ二・三匹の蛙が這

い回っている。ああ、全滅は免れたようだ！（『聖書朝鮮』一九四二年三月）

この短い文は、雑誌『聖書朝鮮』が廃刊され、金教臣と同志が大いに苦難を被った筆禍弾圧事件の端緒であり、韓国キリスト教の受難史の一つの証である。酷寒の冬の先には、春雨が降り注ぐ初春が来るだろうという希望、淡水の底まで凍りつく酷い寒さに多くのカエルが凍死してゆくという時代的な比喩なのである。しかし、「その日」が来ると、生き残った二、三匹のカエルは這い回り、全滅は免れるだろうという、確固たる希望を宣布したのである。このメッセージに注目した日本帝国は、金教臣と同志を最も恐るべき民族主義者かつ預言者とみなし、独立軍隊や秘密結社よりも恐れて厳重に取り締まった。彼らを取り調べた日本帝国の官憲は、次のような言葉で金教臣らを表現した。

お前たちは我々がこれまで捕まえてきた者のなかで最も悪質である。他の者は、結社だ、独立運動だと騒ぎ立てても、捉えて拷問すれば、転向するから、扱いやすかったのだが、お前たちは宗教だの信仰だの理想だのと言いながら、五百年先のことを見守っているから本当に扱いにくいのである。

第四章　韓国キリスト教の分裂と成長

八・一五は、民族と韓国キリスト教にもう一つの課題を抱えさせた。民族の解放を喜ぶや否や、後に続いた分断と戦争、混乱の歴史がそうだったように、やはり韓国キリスト教史においても八・一五が信仰の自由を勝ち得て受難が終わる転機になったわけではない。もちろん、部分的には屈辱と抑圧あるいは弾圧と強制から自由が得られ、キリスト教が本来もつアイデンティティを回復する基盤が作られたのは事実である。しかし、民族の問題に連動する教会の属性はそのまま、分断・戦争・分裂など、また受難の過程を歩まなければならなかった。神学的に見ると「出エジプト」はできたが、「荒野」はまた広がり「約束の地」はさらに遠ざかるという道程であった。

具体的には、八・一五とともに南北教会は断絶した。さらに、韓国キリスト教の隆盛地であった北朝鮮地域に社会主義政権が樹立されることによって、韓国キリスト教の受難はより厳しい方向へ進んだ。それればかりでなく、日本帝国末期に韓国キリスト教が歩んだ各自の異なる信仰的な道のり、すなわち信仰のスペクトラム（振幅）によって正当性を問われる葛藤をともなう大分裂の混乱が訪れた。また、日本帝国による強圧の下では、表面化することのなかった神学的立場の相違があった。つまり、神学における自由と保守のスペクトラムによって論争し、葛藤したあげく、これがきっかけで、また大分裂に陥る混乱も生じた。このようなキリスト教史上記録に残る民族史最大の試練は、六・二五朝鮮戦争の中で生じた。戦争と分裂が民族と教会をともにつぶす結果になった。しかし、このような危機は、教会が民族に対する役割を新たに果たす機会となった。その理由を断定しがたいとしても、韓国キリスト教会史上最も恐るべき成長と復興は他に例をみない。韓国キリスト教会はこのような最大の危機の時代に出発した。この時期において、危機と機会、分裂と成長という逆説的な命題を通して、教会と民族共同体がもう一度新たな関係を構築しつつあったことがわかる。

南北分断と北朝鮮の教会

平壌は、早くから韓国の「エルサレム」と呼ばれた。八・一五当時、すなわち分断時期の断面のみを見ても、韓国キリスト教の教勢、比重、影響力の程度を考えると、北の方が七、南の方が三という比率である。もし、あらゆる面でソウルが中心的役割を果たしたという点を除いても、単純な数字の構成比率からみると八対二までその影響力の偏在を論ずる学者もいる。もちろん、これは教派別に細密に考察すると、少しの違いはあるものの、全体的にキリスト教の教勢と影響力に限っては、北朝鮮の絶対優位の傾向が否定できない状況であった。特に西北地方とされる平安南北道と黄海道の場合は、韓国キリスト教会全体を牽引するエネルギーが凝縮された中心地域であった。八・一五以後、韓国キリスト教会の再建も活発に展開され、日本帝国末期に強制的に統合された「朝鮮キリスト教団」を認めず、長老教会の老会、メソジスト教会の連会再建をはじめとして活発に展開された。代表的な西北老会の平北老会、平壌老会、平南老会などが再建に着手した。一方、既成の教会組織のみでなく、日本帝国末期の神社参拝や「日本化」に反対して投獄された人物も意外にもすべてが平壌監獄に監禁されていた。彼らの中には、西北、関西出身信徒の他にも、最も多くの抵抗者を輩出した釜山・慶南出身の強直な信徒も多数含まれており、彼らが最後に出獄したところも平壌監獄であった。彼らは出獄後、すでに獄中で殉教した朱基徹牧師が勤めていた平壌山亭峴教会に集まって四〇日間祈りながら、韓国キリスト教会の再建方向について議論した。このように、平壌はその規模や時期から見て、八・一五以後韓国キリスト教会再建の中心地としての役割を果たしたのである。

一方、この地域のキリスト教指導者が活動する領域は、単純に教会再建や教会内の活動に限られてはいなかった。それなりに先駆的なリーダーシップをもつキリスト教指導者は「解放空間」（解放以後の一定時期をこのような表現で示す）において、キリスト教的理想と西欧的民主主義を結びつけた社会政治運動にも献身した。一九四五年、平北新義州を中心に韓景職（ハン・ギョンジク）、尹河英（ユン・ハヨン）牧師が中心となった「韓国キリスト社会党」が組織された。また曺晩植（チョ・マンシク）長老を中心とした「朝鮮民主党」は後に、北朝鮮共産政権樹立過程で最も大きい政治牽制勢力になった。そして、金化湜（キム・ファシク）牧師、金秉燮（キム・

ビョンソプ）長老などが参与した「キリスト教自由党」は平壌のキリスト教政治勢力で、「解放空間」の初期を主導した。しかしながら、北朝鮮キリスト者による教会内外の動きは、南北分断の固定化と政治的状況の急速な反転で弱体化し、新たなキリスト教の受難の道を形成した。

三八度線を境界とした分断は、当初ごく一時的な状況のように思われたが、東西冷戦と独立過程の朝鮮半島で進行していた左右思想の極度な葛藤で長期化が決定的になると、北朝鮮地域のキリスト教界にも大きく惹起した。まず、米国や西欧社会との連携チャンネルとして認識されていたキリスト教は弾圧と警戒の対象になった。キリスト者も宗教内での活動のほかに北朝鮮社会での政治社会的な活動をするとき、先述の通り、右傾化に至る。結局、弾圧が進み、北朝鮮地域のキリスト者の行く末は、韓国への脱出や、北朝鮮に残って受難に直面するという構図にならざるを得なかった。一部は共産政権のキリスト教政策に順応して、政権支援型のキリスト教機構である「キリスト教徒連盟」を結成して積極的に現実参与した。

そうした中でまず注目すべき機構は、北朝鮮の主力教派である長老教会から形成された「以北五道職合老会」である。南北分断が強固となり、韓国地域の再建長老教会との連携が難しい状況の中で、一時的な代替機構を形成せざるを得なかった切迫さから、臨時に組織された機構が長老教会総会なのである。金珍洙（キム・ジンス）牧師らが中心になったが、結果的に共産政権樹立過程で、最も牽制的な機構として葛藤をもたらしたし、また弾圧を受ける受難の主体になった。特に、彼らの御用機構ともいえる「キリスト教徒連盟」と直接対立したが、一九四六年十一月北朝鮮政権の「主日選挙」に反対して多くの所属牧師が検挙され、辱められた。特に彼らが中心となって平壌と宣川などで開催された一九四六年の三・一節の記念行事は、北朝鮮キリスト教弾圧の代表的事例である。彼らはあくまでも南北分断が解消されれば、韓国の長老教会と連帯、統一して長老教会総会を復元する声明をあげていた。あくまでも時限的な臨時機構だったのである。

一方、「キリスト教徒連盟」は、金日成（キム・イルソン）の母方の叔父である康良煜（カン・リャンウク）牧師を中心とした左傾キリスト教の機構であった。彼らの最大の目標は北朝鮮に樹立される共産党政権を支持し、キリスト教界を政権協力に導くことであった。彼らは韓国地域でもその組織化を図り、特に六・二五朝鮮戦争期には、その基盤をより広げた。また、この機構は現在のキリスト教の公式組織の前身でもある。「キリスト教徒連盟」は、北朝鮮政権のいわゆる「主日選挙」を支持し、これに反対する「以北五道連合老会」と対決した。組織の求心力を確保するため、当時元老であった金益斗、金応珣（キム・ウンスン）牧師をそれぞれ連盟委員長および副委員長として迎え入れた。要するに、南北分断以後の北朝鮮教会は、積極的な教会再建、社会政治運動を展開したが、すぐに挫折して多数の指導者と信徒が韓国行きを選択したのである。そして、長老教中心地域として「以北五道連合老会」と、超教派の「キリスト教徒連盟」とが組織され、萎縮と混乱という対立的様相を見せたのである。

南北分断と韓国キリスト教会

分断されても、八・一五以後に信仰と宣教の自由が得られた地域は、やはり韓国のほうであった。日本帝国による強力なキリスト教への弾圧が解消され、米軍進駐と米軍政権樹立後、キリスト教はむしろ韓国社会で一つの優位な勢力になり、個人的にもキリスト者という事実は社会進出と活動に肯定的な条件として作用した。しかも、「解放空間」で組織的活動の経験を持っているキリスト者のリーダーシップは、社会の各分野で重要な成果を生んだ。さらに、日本帝国が強制的に占有していたキリスト教機関、学校や病院、教会の復帰がなされ、ついには日本の神社や天理教、日本的な宗教や精神的な侵略の対象となった場所も、プロテスタント教会を中心に払い下げられ、教会を設立するという事例が多数発生した。八・一五以後に設立された代表的なプロテスタント永楽教会、京東教会、城南教会などが全てそのような例である。

ところが、教会の内側を見ると、混乱と激動の側面もある。八・一五以後、韓国キリスト教会がまず解決し克服しなければならなかった問題は、「日本化」の頂点で解放直前に組織された教派統合の「朝鮮キリスト教団」をどのように処理すべきかということであった。「朝鮮キリスト教団」は日本の統治者によって強制的に組織された教派主義克服の統合教団である。もともと、韓国キリスト教会が実際に念願していた単一教会の理想が実現されたものとみなされるが、その統合過程で変質、屈折、歪曲したため、この組織の存続に関しても悲観的にならざるを得なかった。

一九四五年九月から「朝鮮キリスト教団」は、ソウルのセムンアン教会堂で「南部大会」という名称で教団大会を数回開催した。これは教派の区別のない「教団」の存続可能性を打診、韓国キリスト教会の再建問題に対する意見収集が目的だった。しかし、円滑な会議進行を期待すること自体が事実上無理だった。日本帝国末期の政策に積極的に加担していた人物と、これに消極的だった人物との間に衝突が生じ、「教団」の中心的人物を非難する声が高まり、「南部大会」の不成立、「教団」の解散、各「教派」への還元という結末になった。

これに対して、長老教会は分断によって北朝鮮教会との円滑な疎通が不可能である点を配慮し、臨時中央機構である「南部総会」を招集して限定的に教会行政を処理し、可能な時期に北朝鮮教会と提携・統合する道を開きつつ、教会の再建を進めた。これもまた、先述の通り、北朝鮮の「以北五道連合老会」と同様、臨時的性格の総会機構であり、南北教会が分断を超えて一つの教会組織に改められることを促す意義が込められていた。

一方、メソジスト教会も教派還元の原則に従って再建を図ったが、早くから日本帝国下での協力の程度と再建過程の性格が異なったことにより、「再建派（日本帝国末期に形成された統合教団を拒否してメソジスト教団を再建しようとしたグループ）」、「復興派（日本帝国末期に形成された統合教団を維持しようとしたが、失敗するとその既得権をそのまま維持してメソジスト教団を新たに再建しようとしたグループ）」という名称で二つの組織が個別に創設されるという混迷の様相を見せた。その他にも、ホーリネス教会、救世軍、聖公会、安息教など、日本帝国末期に統合されたり、解散させられたりした多くの教会が韓国地域を中心に再建された。

教会の極端な分裂

平壌山亭峴教会に集まった「出獄聖徒」は、韓国キリスト教会の再建原則について自ら苦悩し、一定の原則を発表した。彼らの立場は、神社参拝や日本化への変容を経験した韓国キリスト教会の刷新は、獄中で受難した自分たちの主導によって成就されるべきというもので、その過程こそ正しい再建への道のりであると自認していた。しかし、この主張は、現実に南北全ての主導権を握っていた既成教会の指導者にとって容認し難いものであった。この教会再建原則が発表された後、一九四五年十一月平北宣川の月谷洞教会で開催された平北地域の教役者修養会で、獄中で苦難を被った者、個人的な信仰の定めを守るために国外に避難したり隠遁したりした者、教会に残って日本帝国による屈辱を受けながら実際に教会を守ってきた者の間で、改めて功績と過失が問われるという問題提起があり、これが韓国キリスト教会全体の大きな反響と葛藤を呼び起こした。結局、「出獄聖徒」の一方的な教会再建原則は現実には遂行できなくなり、彼らの中でさえ多様な見解の相違が見られたため、様々に進路が分かれるところとなった。既成教会への特別な条件なしに合流するグループ、既成教会と全く縁を切って新たな再建教会を設立しようとするグループ、既成教会に参与しながら一定の改革を遂行しようとするグループに分かれた。そのなかで第三のグループに該当する釜山・慶南出身の一部「出獄聖徒」が出身地に帰って慶南老会を改革しようと試み、新たに高麗神学校の設立を推進した。その中心メンバーに、韓尚東（ハン・サンドン）、朱南善（チュ・ナムソン）、孫良源（ソン・ヤンウォン）らがいる。ところが、慶南老会の中ではじまった葛藤と不和の火種が韓国長老教会全体の総会へも飛び移った。これは、大きな枠組みからみると、日本帝国時代の信仰内容を根拠に教会の主張する正当性の争いで、韓国長老教会の第一次分裂の序幕になったのである。これが有名な「高神派の分裂」である。この分裂は、「解放空間」期と教会再建期の間、ずっと続いた。

一方、すでに一九三〇年代半ば、一九三四年から西欧の新たな神学思潮を習得して帰国した「新神学派」と、教権を掌握した保守派宣教師と連携した保守根本主義神学グループとの間に葛藤が存在していた。しかし、当時は相対的に保守グループが多数で、教会の政治的主導権を握っていたので、問題があるたびに保守グループが葛藤を制圧する状況となった。この事実は、日本帝国末期の厳しい教会の状況下では、あまり明るみに出なかった。しかし、八・一五以後、進歩的神学者を中心に日本帝国末期に設立された「朝鮮神学校」（用語・人名解説114ページ参照）が、韓国唯一の長老教会神学の教育機関として頭角を現すことによって問題が表面化した。特に、北朝鮮地域で保守的な信仰訓練を受けた後に国境を越えて韓国に来た若い信徒が、朝鮮神学校で神学教育を受けることによって葛藤は膨らみ始めた。金在俊（キム・ジェジュン）、宋昌根（ソン・チャングン）などに代表される進歩学者の神学理論に対する問題提起が集団的に発生し、ついには朝鮮神学校の学生五一名が連名で長老教会総会に金在俊神学の問題性を提起するという事件が起こった。この事件は、他の様々な総会内部の葛藤と結びついて、韓国長老教会の第二分裂となった。それが「基長派分裂」を招いたと言える。これは、神学的立場の相違とそのスペクトラムにおける問題が教会政治にまで飛び火して引き起こされた分裂であり、この時期の韓国キリスト教会が克服すべきもう一つの課題となった。結局、六・二五朝鮮戦争期に分裂が完結し、さらにまた大きく二つに分裂したのであるが、韓国長老教会は民族最大の受難である六・二五朝鮮戦争期に大きな分裂を迎えるという、歴史的悔恨を抱えることとなったのである。

長老教会の大分裂ばかりでなく、先述の通り、メソジスト教会も信仰的な敬虔や出身地による区別、神学校と総理院の主導権や財産上の意見の不一致などで「再建派」、「復興派」に分かれて反目していた。彼らは別の監督を選任して、個別教会への教役者派遣も別々に行うなど、混乱の様相が見られた。その後、韓国メソジスト教会の一般信徒指導者による強力な統合促進運動にともなって、分裂の頂点から再統合を果たすという興味深い史実を先例として残した。六・二五朝鮮戦争期には、監督選出と米国教会の実質的支援という構図による複雑な問題が提起され、再び大きな分裂を経験するという歴史が繰り返された。その他、聖潔教会、バプテストなども神学、信仰形態、人脈、地方色、一定のリーダーシップの影響力などの理由で韓国キリスト教会の初期分裂史の様相を示している。

教会分裂の経過と現在

これまで韓国キリスト教会の分裂期における多くの状況を考察してきた。しかし、歴史的事件としての分裂ばかりでなく、現在もなお継続している韓国キリスト教会の特徴を詳細に見ることも重要である。特に、分裂とは全く正反対の傾向である「エキュメニズム」の継続的なパワーについても検討することによって、現在の教会における諸現象と諸課題により接近することができるであろう。

韓国キリスト教会においては、「大韓イエス教長老会総会」という教団の名称に「統合」、「合同」、「高神」、「改革」、「護憲」など別称を付加する長老教団の数が、推測される数だけでも二〇〇にも近い。それればかりではなく、長老教、メソジストのような主要教派はもちろん、新たに韓国キリスト教会の一つの軸になったペンテコステ系統の純福音教会（用語・人名解説115ページ参照）、聖潔教会、バプテスト教会など多数派が数十に至るまで分裂して諸教団を形成した。例えば、分裂した教派の名称も「イエス教長老会」があれば、「基督教長老会」があり、「キリスト教監理会」があれば、「イエス教監理会」がある。その他にも「キリスト教聖潔会」と「イエス教聖潔会」、「キリスト教神様の聖会」と「イエス教神様の聖会」がある。国内外の一部の神学者は、韓国キリスト教会における「イエス」と「キリスト」の分離を問題視している。

最近になって、単に教団だけでなく、伝統的で進歩的な連合組織である「韓国キリスト教協議会（NCCK）」と、保守教団が主軸となった「韓国キリスト教連合会（韓基総）」も別の声明を出している。このように、現在の韓国キリスト教会は、教会内部の問題だけではなく、対社会的問題を扱う際にも、全面的に相対する立場を表明したり、正反対の傾向の行動をとったりする。最近の「北朝鮮核問題」や「対米観」においてもそのような傾向が鋭く表れている。このような韓国キリスト教の分裂状況はどのような背景を持っているのか。また、果たして問題を克服しようとする神学的、実践的努力はなされているのであろうか。

先述の通り、韓国キリスト教の宣教は、様々な教派によってもたらされた。それらは、初期において地域分割を通して宣教の教会を形成した。ところが、各教派は神学的傾向、信仰形態に異なる点があって、各教派が担っている地域出身の韓国人信徒や指導者の傾向に相違がみられる。この事実は継続的に韓国キリスト教会の神学的スペクトラムの幅や信仰特性の相違を形成する要因となった。具体的事例を挙げれば、全体的に韓国に進出したプロテスタント教派の中で最も保守的な信仰傾向をもつオーストラリア長老会の宣教管轄地域出身者が日本帝国末期に神社参拝の反対運動グループの中心軸となり、彼らの大部分が解放後、「出獄聖徒」になって信仰においては敬虔中心、神学においては保守的な再建運動を引き起こした。彼らが中心になって分離した教派が伝統的に韓国長老教会の最も保守的なグループである釜山・慶南地域を中心とした「高神派」長老教団である。咸鏡南北道、間島地域で宣教していた「カナダ長老教会」は、一九二五年本国教会がプロテスタント連合教会に変化することによって神学的に進歩した。この教派が韓国宣教教派の中では、最も進歩的であると言える。この地域出身の金在俊、宋昌根のような指導者が、韓国の進歩長老教会の代表者である「キリスト教長老会」の中心勢力になったのである。このように考えると、初期宣教の効率化のために区画された宣教区域の分割が、その後の韓国キリスト教会分裂の重要な背景になった事実は否定できない。

しかし、韓国キリスト教会における分裂の様相は、そのような地域的な傾向だけではなかった。日本帝国の残酷な弾圧下で、各共同体がどのような対応、態度を示したのかがもう一つの要素になった。また、保守的傾向の宣教師と彼らが中心になっている教会政治勢力による神学的基準に、新たな世界神学の流れを受け入れた新神学者が挑戦することによって再び分裂の要素が生まれた。解放以後の民族分断とイデオロギーの鋭い葛藤は、「容共是非」（用語・人名解説115ページ参照）に凝縮され、左右のイデオロギーの介入によって再び現れた。特に、このイデオロギー問題は、国内的には六・二五朝鮮戦争を経て、国外的には世界教会の連合運動、すなわちエキュメニズムの具体化によって、より大きな要素として登場したのである。

先述の通り、日本帝国末期における神社参拝の可否と教会建設の過程における主導権問題を中心に分裂した各教派、特に長老教会の「高神派」は、現在もなお、その信仰と神学において最も保守的な基調を維持している。もちろん、変化する宣教状況の中で、初期とは異なる側面を帯びていることは確かであるが、歴史的な悔い改めと日本帝国に屈しなかった勢力による韓国キリスト教会の進展が重要な目標である。

さらに、神学問題で分離していた進歩的なグループを形成していた教派、特に長老教会の「基長派」は、以後韓国キリスト教会の歴史参与、「民衆神学」に代表される社会救援とエキュメニカル運動の先頭に立って活動してきた。この共同体の目標は、キリスト教の預言性を回復させることであり、特に正義と人権と民主化が理解されることと社会的な宣教神学を堅持する立場を維持した。

以上のような伝統的な分裂教派や彼らの神学的な名分は、比較的明確な様相であるといえよう。しかし、事実上、最も複雑で多くの変数が作用した分裂は、イデオロギー問題が介入した以後の分裂状況である。まず、最も代表的な分裂が長老教のいわゆる「統合」と「合同」の分裂である。一九五九年、韓国長老教会のエキュメニカル運動への参与の是非をめぐる対立がそれである。世界教会協議会（ＷＣＣ）は、一九四八年に正式に創立された世界教会の一致と和解運動を展開する協議機構である。この機構には、共産国家の教会も会員教会として参加していた。しかし、六・二五朝鮮戦争以後の韓国キリスト教会は、極度の反共的立場を堅持し、間接的に共産国家の教会とつながっているＷＣＣ運動に対する反感もあった。他の様々な理由と要素も関わっていたが、このような雰囲気の中でＷＣＣのエキュメニカル運動に加担するか否かで意見が深刻に対立した。そして、ついには韓国長老教会史上、最大の分裂である「統合」と「合同」の分裂に至ったのである。ところが、このような問題は単に長老教内部だけではなく、メソジスト、聖潔教、バプテストなど、教派ごとに極右反共の態度を表明することによって、「エヴァンジェリカル運動（福音主義系）」を支持する側と、神学、信仰形態、イデオロギー的な区別を乗り越えて、和解と一致の問題を優先すべきだという「エキュメニカル運動」を支持する側とに分離して対立する様相を示した。この問題は、単純に教会内の神学や信仰的な傾向を中心に対立した状況とは、比較にならないほど複雑に展開した。政治的状況に加えて、国際的な力学、秩序の問題も関わることによって、分裂、再分裂、多重分裂の様相にまで至った。部分的にこのような状況は未だに続いている。現代に至っては、経済的な疎外や社会環境の様々な変化によって、より多様な形態で現れている。

しかし、韓国キリスト教史において、世界教会の潮流の中で「分裂」と「葛藤」の動力のみが作用しただけではない。先述の通り、エキュメニズムの強力な台頭は、韓国キリスト教会の現代史理解における重要な出発点にならなければならない。近代的な意味でのエキュメニズム神学は宣教地においてまず台頭してきた。宣教国の多数派教会が各々の教派的な相違を持ったまま、宣教対象地に進出したとき、その相違がもたらす意義は微々たるものである。むしろ、福音に共通の核心を伝え、統合的な土着教会の形成が効率的で正義であるという認識を持つようになったのである。さらに、「教派形成」を歴史的に分析するとき、それが必ずしも神学的あるいは教理的な産物というよりは、かえって文化的な産物だとする立場から、文化の所産であり「衣」にすぎない教派の意味はより弱体化するといえよう。韓国でも、すでに宣教初期に「単一教会の設立」の理想が推進されたことは記憶に新しい。この宣教地の要請は、西欧教会に対して重要な神学的命題と運動課題を提供した。この具体化がエキュメニズムであり、その実践がエキュメニカル運動である。消極的には、教派の相違を超えて和解と一致の神学で協力的な宣教の場を作ることであり、積極的には異なる文化、異なるイデオロギー、ついには異なる宗教の核心に至るまで相手を認め合い、共通の価値を共にする態度をとることである。このような意味で、現代の世界教会史のエキュメニズムは、二〇〇〇年にわたる教会史の分裂と葛藤を乗り越えるエネルギーになって、文化と伝統、多様な宗教が存在する世界に向けて新たな宣教時代に対応する力になることは明らかであろう。

このようなエキュメニズムとエキュメニカル運動が、韓国においては新たな葛藤と分裂の争点として登場したことは残念なことである。これは、イデオロギー問題、特殊な韓国的状況と神学的傾向とが重なって、韓国キリスト教会の分裂史を理解する重要な視点の一つである。したがって、韓国キリスト教会の分裂を解決する糸口も、やはりエキュメニズムから探るべきであろう。確かなことは、現在の韓国キリスト教会において神学的に進歩と保守に関わらず、特に民族的な使命、社会的責任の遂行においてエキュメニズムの視点に立って課題を遂行しようという動きが生まれていることである。信仰と職制の問題、神学的な内容の問題よりは、宣教課題として教会が協働することが課題なのである。このため新たな連合機構の創出のために、強力な提案まで登場していることは望ましいといえよう。

六・二五朝鮮戦争とキリスト教

分断に至る「六・二五朝鮮戦争」は、真に韓国民族史最大の受難であり危機であった。その余波は今日まで続いており、韓国問題に精通している学者とこの戦争の衝撃を研究した学者の一部は、この戦争の衝撃の強さから見て、韓国人が現在のように成長し、品位をもって共同生活を営んでいるだけでも奇跡だと言っている。

六・二五朝鮮戦争が勃発すると、韓国キリスト教会は「戦時対策非常機構」を作って、民族危機に対応する方法を探ろうと努めた。第一に、米国教会と国際キリスト教機構、連合軍などに対して韓国問題に関心を持つことと、具体的な協力と援助の方法をはかることを要求する外交的努力を続けた。第二に、国際キリスト教社会が韓国に対する救済と援助基金、物資の収集や提供を可能にした。第三に、国内的にはキリスト教の青年を中心に「十字軍」を組織し、直接戦線に投入して共産主義と戦う準備をした。また、直接的ではないが、「宣撫活動」（用語・人名解説115ページ参照）、「正訓活動」（用語・人名解説116ページ参照）などを通じて韓国に対する戦争支援活動を展開した。しかし、これとは反対に、六・二五朝鮮戦争期の韓国キリスト教会は歴史上、最大の受難と虐殺にさらされた。戦争が始まった北朝鮮地域で、また北朝鮮の共産軍が占領した韓国地域で、様々な理由でキリスト者が集団虐殺されたり、教会堂が破壊されたり、避難できなかったキリスト教指導者が拉致されたりした。

このような状況下で、韓国キリスト教は、徹底した「反共イデオロギー」を形成する教会へと変化し、民族共同体に対して和解と仲裁という役割を果たすことなく、対立と葛藤を主導する「イデオロギー的なキリスト教」へと再編の道を歩んだ。しかも、先述の通り、この時期に教会内部では深刻な分裂期を迎え、信仰の敬虔度、神学における自由と保守のスペクトラムを理由に最大の分裂に引きずり込まれていた。また、このようなイデオロギー的な傾向の下に、教会内の「容共是非」も続いていた。世界教会のエキュメニカル運動路線に対して、政治体制とイデオロギー的なアレルギーが極端だった当時の韓国キリスト教会は、警戒と疑惑を同時に帯びるようになったのである。そして、様々な諸理由とも絡んで、エキュメニズム問題、すなわち世界教会協議会（WCC）との提携において、新たな大分裂の過程に突入したのである。その代表的な事例が一九五九年の韓国長老教会の「統合」、「合同」という分裂の歴史である。

このように、戦争期の韓国キリスト教会は、他のどの時期よりも民族に向けて救済と奉仕、民族を危機から救おうとする具体的なプログラムに献身的に参与したことが明らかである。韓国キリスト教会は、残念なことに、和解と一致あるいは従来同様の民族中心の信仰実践よりは、イデオロギー対立の最前線で、民族と教会の分裂の先頭に立つという否定的な役割を担うことになってしまったのである。

危機を機会に

八・一五以後、韓国から撤収した各教派の宣教師が新たな宣教方法とパラダイムを持って続々任地に復帰した。特に、韓国地域ではアメリカ軍政の実施で、キリスト教事業の優越性を確保した宣教師と韓国キリスト教の指導者の活動が活発化した。六・二五朝鮮戦争の勃発で、活動が一時は委縮したものの、戦争の危機はキリスト教活動の新たな好機として作用した。社会救済と教育、戦争支援活動などにおいて全てが新しい宣教プログラムとして定着し、米国をはじめとする世界キリスト教会も、戦争中の韓国キリスト教会と韓国の状況について、より大きな関心を持って積極的な支援を広げるに至った。確かに危機ではあったが、韓国は再び宣教と教勢拡張の機会を迎えていたのである。

六・二五朝鮮戦争期に、ビリー・グラハム、ピオルス、スワンスンなどの世界的な復興運動家が続々訪韓した。彼らは戦線で命をかけて戦っている米軍をいたわる信仰集会を準備するのはもちろんのこと、戦争の惨禍の中で、苦痛を受けている韓国人のための集会も開いた。生存の危機、価値観の混乱、未来に対する不透明な「アノミー」の中に置かれていた多数の韓国人たちは、世界的な説教家の集会に数え切れないほど集まった。このような雰囲気は、全国の各教会に多くの信徒を呼び集めるきっかけとなった。また、これに元気づけられた韓国人牧師、伝道師、そして在韓宣教師も第二の韓国宣教の中興期を迎え、総力を挙げて伝道に努めた。この時期の韓国キリスト教会が経験したダイナミックな共生の成長と復興は、初期の韓国キリスト教会が民族的な受難と共に経験した大復興事件に匹敵するものであった。

一方、この時期の韓国キリスト者の増加と成長は、国境を越えて韓国に向かう北朝鮮地域の大規模なキリスト者が加わったことでも大きな役割を果たした。六・二五朝鮮戦争が勃発して、韓国軍と連合軍が北進したが、中国軍の介入で再び後退（一・四後退）するとき、当時の韓国軍と連合軍について南下した北朝鮮地域の住民は、数百万にも上った。それに、多数のキリスト者も含まれていた。彼らは当時、韓国地域のキリスト教会に持続的に大きな影響力を行使し、教会の進むべき道に重要な要素として作用した。それればかりでなく、教勢の成長と復興にも大きな起爆剤となって、韓国キリスト教会の爆発的な発展要素になった。正確な統計ではないが、全国民に対するキリスト者の比率が五％も超えない水準が長い間続いていた。これは初期の復興期を経て日本帝国下で、「解放空間」を辿りながら続いた。そして、一桁のパーセンテージを超えることは、難しいこととして考えられた。しかし、六・二五朝鮮戦争期を機に、いわゆる一九六五年全国を覆った「福音化運動」によって歴史的なキリスト者の人口比一〇％達成を実現したのである。量的成長の視点からみると、韓国キリスト教会史の画期的な転換点ともいえよう。これは歴史的危機がもたらした全く相反する結果を表す良い事例の一つである。

一方、六・二五朝鮮戦争に参戦した米軍をはじめとする西欧諸国の参戦軍隊は、韓国に多様な教派を紹介するチャンネルになった。彼らは、戦争の渦中で韓国における宣教拠点を確保するきっかけを作ったのである。この期間、特に米国の教派教会の様々な形態の教団が軍牧師、あるいは従軍形態の宣教師を派遣して韓国への宣教を開始したり、再び復興させたりする場合が多かった。「バプテスト」、「ペンテコステ」、「キリストの教会」などに再復興があった以外にも、「ルーテル」、「ナザレン教団」、「神様の教会」などは、この時期を皮切りとして韓国宣教に着手した。また、プロテスタント教会ではないが、旧大韓帝国（李氏朝鮮）末期に、「ロシア正教会」が韓国宣教を開始した。「正教会」は、ギリシア軍隊の参戦と共に「ギリシア正教会」として、再び韓国へ宣教活動に乗り出したのである。

このように教派単位の韓国宣教が多様で活発になったこと以外にも、社会事業、慈善活動、医療、教育、キリスト教の社会団体、放送、文化、文書など様々な形態の特殊な宣教プログラムを通じて、韓国のキリスト教事業は、ますますダイナミックになっていった。何よりもキリスト教と海外の慈善機関が、六・二五朝鮮戦争期の韓国人に迫って宣教と救済に積極的になった事実は、末永く記録されるべき史実であることは明らかであろう。

現世中心の「起福信仰」

キリスト教信仰への入門動機が現世的な利益、目の前の有利さにあるとき、このような信仰者を「ライス・クリスチャン（Rice Christian）」と呼ぶ。多くの場合、初宣教地では、入門者の中にそのような形態の信者が多く、韓国の初代教会の改宗動機を分析するときもたびたび用いられる言葉である。彼らの多くが「教会」あるいは「キリスト教信仰」によって、今現在のところ自分に何が与えられるのかのみに関心を持つ信仰形態であって、決して成熟した信仰とは言えない。ところが、六・二五朝鮮戦争以後、広範囲に拡張した韓国キリスト教会の信仰形態の中で、このような特徴が多数見られる。これを神学的に発展させると「祝福中心の信仰」に至る。「起福信仰」とも言われる「現世中心」の信仰が強まったのが、この時期である。詳細な分析によると、生命と財産に対する脅威が大きく、急な社会変動でひどい不安と疎外を経験した人々に多い信仰形態ともいえよう。これは、キリスト教にふさわしい信仰形態とは言い難い。初めの段階で教会に行ってキリスト者になると、救済と配給、援助などの恩恵の産物が物質的な祝福、難関の打開、神の癒しと治療などに重点を置く信仰となる。ここには、キリスト教の「十字架的な献身」、「犠牲」、「歴史への預言」のような項目が見逃されがちである。

このような全体的雰囲気の中で、もう一つの副作用が現れる。それは、誤った信仰への導き、一定の個人に頼るカリスマ性などによって生まれた非正統の異端宗派の出現である。これは社会が不安で、現実に対する不平が大きく、未来に対する不確実性が膨らんだ状況で現れる宗教社会的現象である。六・二五朝鮮戦争を経て、一九六〇～七〇年代に入ってから、朴泰善（パク・テソン）の伝道館、文鮮明（ムン・ソンミョン）の統一教会などがこの時期に芽生えた最も代表的なキリスト教系の新興宗教である。その他にも無数の非正統キリスト教の宗派が一斉に生まれた。彼らの主な共通点は、「迫りくる終末」に対する宣言や「再臨主」や「メシア」、それから誤った方向へ導く黙示的傾向が強いことである。これは混乱した時期に生きる多くのキリスト者と、その他の人々に大きな反響を呼び起こした。この現象は、この時期の韓国キリスト教史の一つの特徴であり、既成教会としても大きな責任を痛感しなければならない宗教現象の一つであった。

既成教会の量的成長の中でも、「祝福中心の信仰」とされる個人の祝福を求める信仰形態を追求し、非正統的教理と聖書解釈、個人崇拝の歪曲したカリスマに頼る宗派が蔓延するキリスト教底辺の現象、これが爆発的な成長期の韓国キリスト教会に中心的な特徴であった。これは分断と戦争、社会の不安という時代的危機によって韓国キリスト教史上、最大の成長と復興を遂げたという肯定的な側面とは別の異なる視点から留意しておくべき事実である。すなわち、そのような肯定的な現象の裏側に存在する未成熟なキリスト教信仰の現象、不均衡と変容したキリスト教信仰すなわち祝福、現世、個人の救い、神の癒し、神秘的な信仰形態に陥るという新たな問題点を指摘しなければならない。

しかし、一方で衝撃と恐怖の時代を生きた民族社会、葛藤と不確実に耐えざるを得なかった数多くの民衆の情緒を案ずるとき、そのような信仰的な偏重現象も十分に理解されなければならない。それは次第に、民族社会と民衆情緒の癒しに大きな役割を果たしたのである。

第五章　韓国キリスト教の参与と成熟

一九七〇年代、そして一九八〇年代、韓国社会が経済的な高度成長を成し遂げた時期、ついに全国民の二五％がキリスト者になる時代を迎え、キリスト教は韓国において主流の宗教の一つに数えられる絶頂期を迎えた。韓国キリスト教会は、教勢と影響力、経済的な動員力、社会勢力としての声などにおいて、肯定的であれ否定的であれ、音頭をとって推進している。政治、経済、社会、文化に対するプログラムと、その牽引力は著しく大きくなったのである。この時期に至って、韓国キリスト教に、少数宗教としての委縮や歴史に乏しい宗教としての疎外感は、まったく感じられなくなった。

しかし、その反面、すでに議論した側面であるが、民族共同体内での位置を主張するに当たって、あるいはキリスト教本来のアイデンティティを内外に示すには、いくつか指摘されるべき問題も提起されていた。第一に、受容以来、程度の差はあれ、民族問題解決にともに参与し、ともに受難を経験して十字架を背負ったキリスト教が、その主流において既得権の立場を取るようになったのである。これはキリスト教の成立や宣教が容易であっただけでなく、有利な特権が形成されていた側面もあるという意味である。第二に、信仰形態において、極めて現実中心的で、祝福強調的な信仰に傾倒しすぎていたことである。これは過度の世俗化に追随して、物質中心、成長中心、外面中心の教会像を形成するようになり、キリスト者のみでなく、教会そのものやその指導の方向までもが外面的結果を重視したものをめざしていたという問題である。第三に、文化的な方向が見逃されたままであり、受容して一世紀を超えた時点でも、外来宗教としての異質感を克服できなかった点である。これには様々な理由があるものの、先述の通り、すでに民族内の主要な宗教となり、基幹宗教になった韓国キリスト教が、果たして「韓国宗教」だと自信を持って宣言できるのかという適応度の問題である。第四に、解放以後、いくつかの要因が重なって展開し始めた分裂教会のイメージをどのくらい克服していたのかという点である。これは韓国キリスト教会の神学的に正しく、志向すべき方向であることが明らかな「エキュメニズム」の価値にどのくらい忠実であるかという点である。第五に、歴史意識、参与、実践力をどれほど確保して、この時代の教会の重い社会的責任を担っているかという点である。

以上、列挙した五つの課題にどの程度応答していくことができるかどうかで、現代韓国キリスト教史における成熟度、可能性、改革と更新を志向する力量を評価することができるのである。

第一共和国とキリスト教の関係

韓国でキリスト教信仰をもつことが社会的に有利な条件になり、より一歩進んで既得権に至ったのが第一共和国の時代である。アメリカ軍政に次いで誕生した大韓民国初代大統領の李承晩政権下で、キリスト教はその人的進出と役割、社会的リーダーシップを著しく発揮した。たとえば、当時のキリスト者比率は五％内外にとどまっていたが、各分野で社会指導者層では、少なくとも二〇％、多ければ四〇％代にまで迫る脅威的な記録を示すようになった。これには、いくつかの理由が考えられる。

第一に、全体的に「解放空間」と建国初期の転換期に国際的感覚をもって組織構成と体系的なリーダーシップの訓練を担っている人物が国内外で活躍していたキリスト者だったという事実である。第二に、アメリカ軍政期、さらに六・二五朝鮮戦争期に、アメリカ軍当局と連合軍など外交的なルーツと権力中枢とのパートナーシップにおいて、キリスト者を絶対的に優先する雰囲気が存在していた。もちろん、これはキリスト者が既得権の階層まで身分的に上昇したことを意味する。第三に、権力を掌握した李承晩大統領とキリスト教会あるいはキリスト者との関係である。李承晩自らキリスト者であり、長い間アメリカでの活動によってキリスト教文化に慣れ親しんでいた。しかも、権力の獲得と維持のために韓国キリスト教が大きな影響を及ぼしていたのである。李承晩とキリスト教会は、不即不離な関係を結ぶのに十分な絆を持っていたわけである。

このような状況で、キリスト教は「準国教」の地位にまで至った。ここで注目すべき問題は、比率的に少数だったキリスト教が民族内の各分野で指導力を発揮したことにあったのではない。むしろ、これが特権化され、支配意識や優越意識につながったことが問題であった。特に議論すべきは、韓国キリスト教史において日本帝国下における植民地政策に積極的に加担し協力していたキリスト教の主流勢力が、そのまま解放以後にも教会の主導権を握って影響を及ぼしていた点である。これは第一共和国、すなわち李承晩がそのまま日本帝国下で、主導勢力を政権創出の基盤として利用しようとしたことに対する歴史的批判と絡んでいる。すなわち、第一共和国の一つの急進的なリーダーシップにおいても、「清算」できなかった日本帝国下での勢力が多数含まれていたという限界を意味する。

このような状況で、神学的な見地から、反省的に検討すべきことは、次のような問題としてまとめることができる。つまり、キリスト教本来のアイデンティティと関わることであるが、その歴史的な「預言性」の喪失や弱化の問題である。キリスト教が社会の既得権を持つことや、優先あるいは尊重されること自体が特に問題なのではない。その過程でキリスト教が重要な社会批判機能を喪失して、正しい価値の指標や道徳的啓蒙の役割を果たさなくなる点が問題なのである。歴史を通してみると、キリスト教はむしろ低い位置、受難者の立場から歴史的役割を担うとき、本来の精神にふさわしい機能を果たしてきた。このような問題は、第一共和国と韓国キリスト教との関係においても、きわめて明らかになる。当時、李承晩政権の長期、終身執権計画と独裁政権の横暴に対して韓国キリスト教会がどのような態度をとったのかを探ってみよう。

すでに第一共和国末期の韓国民衆は、独裁政権の誤った権力延長の陰謀に異常をきたしていた。これは明らかに正義でも公正でもなかった。ところが、韓国キリスト教は、これをあえて黙視するばかりか、かえって加担したのである。

これには、二つの理由があると考えられる。第一に、先述の通り、多数のキリスト教指導者が李承晩の各指導部に偏在していたことである。第二に、韓国で歴史上、最も「親キリスト教」的な政権が醸し出す全体的な魅力である。

具体的には、三・一五不正選挙寸前の一九六〇年二月、韓国キリスト教界の指導者の多くが集まって、李承晩長老とキリスト者の李起鵬副大統領の支持と当選のために韓国キリスト教界が総力をあげて推進することは「神意」であることを確認するという「反歴史」的な会合が開催された。そして、実際多数の教会で、このような主旨のメッセージが宣言された。もちろん、これは、次いで起こった四・一九（用語・人名解説116ページ参照）で霧散し、キリスト教界にも大きな衝撃と反省を呼び起こした。これを反証するように、四・一九の主導勢力の学生階層、特に代表的なキリスト教大学である延世大学の学生会は、四・一九声明で「独裁側に偏って、本来の任務を忘却したキリスト教界の指導者は覚醒しろ」と、直接反省を促している。結局、第一共和国の韓国キリスト教は、始まって以来最も友好的な政権の保障を受け、教会の宣教と活動、キリスト者の社会的進出に便宜を提供したが、反対に強力な「政教癒着」という特徴を露呈することによって、キリスト教の歴史的責務において堕落した様相を見せたのである。

新たな神学的覚醒　四・一九、五・一六以後のキリスト教

四・一九、そして五・一六（用語・人名解説116ページ参照）を経て、韓国キリスト教の現代史も急変した。日本帝国下の分断、六・二五朝鮮戦争という外的制約条件を打開すると同時に、広い意味での宣教課題を遂行していた教会は、第一共和国の状況において、きわめて安易な方向に定着した。しかし、歴史的変革が起こり、キリスト教に対する民族社会の視線と要求も大きく変化して、キリスト教界内部からも新たな歴史認識が芽生えはじめたのである。そのなかで最も注目されるのは、教会の預言者的機能の回復と、これを韓国的状況下で神学的な理論と実践へ進展させた「民衆神学」（用語・人名解説117ページ参照）の創出である。

五・一六以後、韓国社会は大きな変化に直面した。周知の通り、韓国社会は高度経済成長をめざし、それを強力に推進した。これは貧しさを捨て、豊かさを志向するという民衆史の重要な念願の実現であった。しかし、この過程で起きた余波の一つとして、深刻な疎外である貧富の格差と労働搾取、階層間の葛藤の深化が生じた。これらは成長過程における必然的な産物として考えることができる。貧富の格差が深刻になるにしたがって、多くの社会問題が発生した。特に不正な資本の横暴、政経癒着の裏側で労働者に対する徹底した人権蹂躙が社会問題になった。神学的には、徹底した宣教課題の発生であった。

さらには、軍事独裁政権の政治的野望が露骨化し、資本と権力の結託を通した不義なる政権の継続という政治的状況があった。これもまた、参与の神学としては黙認することのできない課題

にならざるを得なかった。このような韓国的な背景の下で台頭した神学が「民衆神学」である。もちろんこれは、当時世界の神学界において流行していた政治的、社会的、経済的な差別に抗議する「疎外された者の観点から見る神学」、すなわち「解放の神学」、「黒人神学」、「フェミニスト神学」などのパラダイムと軌を一にするものであり、相互に影響を与え合ったことは明らかである。しかし、「民衆神学」は韓国的な状況という独自の背景を前提にしなければ、想定し難い独自の目標と方式をもつ神学体系である。したがって「民衆神学」は、時代状況から離れては、その神学理論と実践目標について議論することができないという徹底した状況神学なのである。

このような状況神学が、時代の中で強力な実践力を持つのは明らかである。社会的、経済的疎外の緩和と解消、不義の政権に対する抗議と民主化の実現のために、民衆神学者及びその影響を受けたキリスト者が、行動する信仰を実践した。彼らは、一九七〇～八〇年代の韓国社会において、犠牲的リーダーシップの役割を担ったといえよう。しかし、これは当時、韓国キリスト教会のごく片隅で起きた少数の声であり行動様式にすぎず、多数派は脱歴史的で個人的な救いに関心を置き、権力と同調して量的かつ可視的な成長を重要視する傾向を示した。

一方、「民衆神学」系列の「政治性」、「イデオロギー化」、「宗教的霊性の欠如」などが批判された。一九七〇～八〇年代の韓国キリスト教は、少数の政治的な参与神学と、多数の祝福中心の利己的信仰の両方を、時代的機能とキリスト教本来の均衡感の維持に一部は寄与し、また一部は失敗するという特徴を示しているのである。

他方、もう一つの神学における「土着化神学」（用語・人名解説117ページ参照）の議論が活発になった。韓国キリスト教史上、民族状況にキリスト教会が応答した歴史的典拠は多数ある。しかし、神学理論としての「土着神学」と「土着教会」を、韓国人神学者の共同体的な学問傾向として提起し、これを深く議論し始めたのは、一九六〇年代以後である。果たして、キリスト教が韓国人にとって何であり、韓国の伝統や文化や歴史の道程とキリスト教の福音との関係は、どのように設定されるべきであるかという問題は、成長というトンネルをくぐって成熟した教会へと進む過程において必ず踏まえなければならない神学的課題であることは明らかである。メソジスト教会所属の神学者を中心に活発に議論が始まった「土着化」は、韓国の伝統思想、伝統宗教、ついには神話と歴史までをキリスト教あるいは聖書と結びつけて黙想しようとする神学運動にまで展開した。これは明らかに重要な過程であり課題であった。

しかし、全ての土着化議論が現在に至るまで継続しながらも限界を迎えるようになったのは、一つの方法論的問題による。すなわち、一九六〇年代以後における韓国土着化の神学は、韓国の伝統宗教である仏教と儒教、ときには韓国の建国神話の「檀君神話」などと、キリスト教の伝統、聖書の構造とを並行的に比較しようとする神学的努力が登場するほど、広汎なものであった。それだけでなく、最近では、一部の神学者ではあるけれども、古代韓国の文化的な源流が、キリスト教の発生と聖書世界の起源やその原型に関連していると解釈する議論も展開された。

ところが、ここで問題なのは、このような神学方法論、志向体系、神学的な接近と討論の方式が、徹底して西欧神学で提起された構造と方法論的なオリエンテーションを用いている点である。これは、名実ともにふさわしくないばかりか、土着化議論の意義自体を崩す側面を持っている。また、一部ではあるが、「土着化のための土着化」、すなわち偏りすぎた解釈を通じて、土着化の理解の範疇から外れるものもあった。国粋主義的な民主主義からにじみ出る態度は、神学スペクトラムでの一つの極端にとどまっていると指摘せざるを得ない。それにもかかわらず、このような土着化神学が新たな神学傾向として神学全般に与えた刺激は、「政治的」あるいは「没歴史的」という「社会参与」を基準とする両極端の傾向に「文化的思考」をつけ加える「第三の認識」を可能にした点で大きな意味を持つ。

もう一方の側面から、この時期に輸入された新たな神学傾向は、韓国キリスト教会に一つの刺激を与えた。すなわち「一般信徒神学」という傾向の運動である。韓国キリスト教会が歴史的に聖職エリート中心の教会主導力や宣教師中心の意志決定、方向設定の歴史を持っていたことは、知られている通りである。もちろん、伝統的な教会史で世界的にもそのような傾向は、大差がないところである。しかし、一九六〇年代以後、世界の神学界では宗教改革の精神へ回帰する改革の一つに「万人祭司」的役割の再認識があった。教会の中で、一般信徒が占める比重と役割、聖職の役割と断絶されない大切な機能と召命の配分が新たに台頭したのである。これを神学的に整理して強調したのが一般信徒神学である。これは現在も引き続き韓国キリスト教会で強調され、発展している神学的命題である。

これに関連して、「世俗化神学」は現代社会において教会が固有の宣教課題をどれくらい能動的に遂行できるかということにつながる神学的議論である。これは現代文明の特徴、その状況の理解を深めることから出発する認識である。したがって、すでに議論した民衆神学をはじめ様々な状況神学と直結する関連性を持っている。それだけでなく、きわめて個人的な祝福と現実的な祝福を追求する信仰傾向につながる理由でもある。すなわち世俗化した教会は、献身的な歴史参与という左寄りの様相としても現れるが、祝福信仰、現実的な成就を重視する右寄りの様相としても現れる。結局、新たな神学的影響と覚醒が提起かつ宣言されたこの時期の韓国神学は、いずれの方向であろうと、きわめて世俗化した特徴に陥ったことは明らかである。

文化を志向して

韓国キリスト教史における継続的な関心課題は、「政治的な問題」であった。受容初期には、禁教状況の下で、政府との関係をどのように構築するのかということが、宣教とキリスト教拡大の鍵であった。これは新・旧教ともに共通の問題であった。そして、次いで開かれた状況も、やはり国権の危機と喪失という民族的課題に応答しなければならない状況であった。ここに歴史的に認められている「民族教会」が創出された。さらに、特筆すべきことは、韓国プロテスタントの場合、宣教地であるアメリカの教派中心の主力教会が早くから「政教分離」を宣言し、政治的なイシュー（issue）とはできるだけ距離をおいて、政治権力による干渉、さらに教会に直接、政治的な行動を自制する神学的傾向を示した点である。

しかし、福音主義キリスト教が、いくら「政教分離」を主張しても、韓国の切迫した民族的状況の下では、例外的な行動様式として現れた。宣教現場における宣教師たちの態度はもとより、韓国人受容者の認識と行動は、より「状況的」であった。これはキリスト教が韓国キリスト教会として形成されていくために避けられない環境であった。したがって、韓国キリスト教史を顧みると、韓国キリスト教会は民族問題や政治問題に対してどれほど応答し、関わってきたのか、また、その課題からどれほど離れて、「没歴史的」、「非政治的」な傾向を示してきたのかという基準で評価された。また、全体としては韓国キリスト教会を「民族教会」と呼ぶことに多くの歴史家が同意しており、「被宣教地教会」としても成し遂げ難い「政治的な土着教会」をどの地域よりも先立って形成したことも周知の事実である。このような観点からみると、韓国キリスト教会は時期によって方式や程度の差はあるにしても、徹底的に土着化した教会であることは明らかである。

しかし先述の通り、問題はそのように徹底的に韓国の状況に応答し、歴史的な進路をともにしてきた韓国キリスト教会に対する全般的認識において、名実ともに「土着宗教」としての「韓国キリスト教会」のイメージは、果たしてどれほど鮮明に現れたのかという点である。すなわち、「韓国キリスト教」は、「韓国宗教」なのかという問いに、どれほど肯定的な応答ができるのかということである。相対的に韓国近現代史における民族問題の中で、受難や積極的な関与の幅が少なかったといわれる仏教や儒教のような他の主要宗教とキリスト教会とを比較して、果たしてどうだったのかという問いが浮上する。ただ、韓国宗教としての認知度が低いことを、外来宗教の受容史とキリスト教の伝来受容時期の歴史的相違だけで説明できるのか。もちろん、受容史の年輪も見逃せない要素であることは確かである。しかし、「民族教会」と呼ばれることによって、民族の受難と同じ道程を辿った教会が、未だに韓国人にとっては外来宗教や外来的信念体系として認識されている点は、検討されるべき問題であるといえる。

ここには、文化的領域における置き換えの作業によって、その課題が明確になる。韓国キリスト教会は韓国状況の政治的領域では、持続的な対応、接続、同調を図ってきたが、文化的な適応状況は進展しないままであった。もちろん、部分的には、特別に韓国文化との接触、受容、土着化が進んだ事例は数多くある。

しかし、全体的には、まだ韓国キリスト教会においては文化的な土着化ないし韓国化が、期待されるほどは成就していない。端的な例として、教会内で執行される全ての信仰表現様式、たとえば、韓国人創作の賛美歌の比率を見ても、満足できるような文化的な体質化が進んでいない。翻訳的性格の強い礼拝、礼典、説教、賛美が主流である。それればかりでなく、教会の対社会的機能や役割も、輸入神学、イデオロギー、概念を通じた参与と実践が根強く、韓国的な聖霊の具現と作用の側面は微々たるものである。これは継続的な課題であることが明らかである。

韓国キリスト教が韓国文化の表現や内在としてより一層強力な役割を担うとき、韓国キリスト教会は韓国社会とより密接な関係を構築できるものと考える。二つの共同体、すなわち韓国キリスト教会と韓国民族との関係である。もちろん、相互に含まれる同心円の関係であるが、この二つの関係は、次のような変化を求める課題を抱えている。すなわち、継続的に考えられてきた「政治的側面」から離れて、もはや「文化的側面」への転換と拡大をめざす道が求められているという問題が、これから探るべき課題なのである。

補遺 「一九七三年韓国キリスト者宣言」の起草、布告、普及、内容分析、意義

一九七二年一〇月、韓国の朴正熙軍事政権はいわゆる「一〇月維新」を断行した。これは超憲法的処置で、事実上朴正熙の永久執権を画策する反民主的政変だった。一九六一年の朴正熙一派の五・一六軍事クーデター以後、特に朴正熙の大統領三選出馬のための強圧的「三選改憲」以降、韓国民主化運動に邁進していた運動勢力は、大きな衝撃と挫折を経験したが、さらに強力な意志をもって民主化運動の隊列を整え、闘争の方法と路線を再構築してゆかなければならない状況におかれた。

当時の韓国民主化運動勢力の主軸としては、プロテスタント・キリスト教の少数リベラル派勢力とカトリック勢力が協力するキリスト教リーダーシップが重要な役割を担っていた。特に「韓国キリスト教教会協議会」(以下、NCCK)を中心とするキリスト教エキュメニカル共同体は様々な方面で民主化闘争を企画し、また民主勢力に対する政府弾圧で投獄や拷問されるなど人権を侵害される人々に対する支援、救助活動に尽力した。

キリスト教の社会参加・闘争は、あくまでその神学的、信仰告白的基礎を示さなければ、その

行動の根拠を正しく確保できない。それは対外的説得力の確保、すなわち世界教会との協力と連帯を実現する上できわめて重要なことであった。

ここにおいて、在東京の韓国キリスト教民主化運動の主導者たちは、国内教会とりわけNCCKの中心勢力と連携し、韓国キリスト教民主化運動史における最初の神学的宣言であり信仰告白である「一九七三年韓国キリスト者宣言」（以下「東京宣言文」）を作成するに至る。そしてそれは一九七三年五月二〇日付で秘密裡に韓国で流布され、その後世界に発表された。

本補遺では、神学史的にも意義深い「東京宣言文」の作成経緯とその内容分析を行うこととする。特に作成経緯については当時東京に滞在し、実際にこの仕事を推進した三人、すなわち宣言の韓国語版と日本語版を作成した池明観、英語版を作成した金容福（最終的な英文校正は夫人であるアメリカ人 Marion Kim が担当した）、そして全体的なプロセスを主導し、国内組織との連絡、世界教会への通報、送告までを手配した呉在植の活動を中心に描出してみたい。

「東京宣言文」の作成経緯

「東京宣言文」の作成経緯解明にあたっては、一九九八年六月一三日、韓国キリスト教歴史研究所が主催した特別座談会（筆者が司会進行を担当した）における池明観、呉在植の証言記録を一次的な資料として活用する。そして内容分析のためには、韓国語と日本語版の「東京宣言文」に基づき神学的分析を試みてみる。（「韓国キリスト者宣言」の作成経緯」、『韓国キリスト教と歴史』、第九号、一九九八年九月（韓国キリスト教歴史研究所）、三三一―三五七ページ（以下「宣言作成経緯の記録」）：『韓国キリスト教歴史研究所ニュース』、第三一―三二号参照）

池明観：一九二四年一〇月一一日、平北定州で生まれた。一九五六年四月、ソウル大学大学院宗教学科の修士課程に入学、宗教哲学を専攻し、ソウルの徳成女子高校で教鞭を取った。一九五八年には修士課程修了後、博士課程に進学し、一九六〇年から新聞、雑誌などの様々なジャーナルに寄稿し、メディア活動を始めた。同年、徳成女子大学で哲学科目講義を担当した。翌年、徳城女子中高校校長を務め、同年ソウル大学大学院博士課程を満了し、ソウル大学文理大学でも哲学を講義した。しかし、一九六二年七月『朝鮮日報』に寄稿した政治的状況に対する寄稿文の内容が問題になり、在職していた徳城女子中高校とソウル大学講師を不本意ながら辞職する。その年八月当時、韓国民主化運動の中心となった雑誌『思想界』の主幹に就任し、軍事政権に対する言論闘争を本格的に開始する。一九七二年一〇月三〇日、東京大学大学院政治学コースに留学するという名目で日本に到着し、その後の二〇年余りの亡命教授生活を始めたのだ。同年から岩波書店の『世界』にT・K生というペンネームで「韓国からの通信」を連載し始めた。

池明観は一九九三年四月、二〇年余りの日本生活と活動を終えて韓国に帰国した。帰国翌年の一九九四年三月から春川の翰林大学教授兼日本学研究所所長に就任した。その後、持続的な日韓関係の学術、民間外交、共同プロジェクトで役割を果たし、日韓間を行き来し、また日本に長短期滞在し続けた。特に二〇〇一年には韓国放送公社（ＫＢＳ）理事長に就任、メディア活動でも足跡を残した。二〇一二年アメリカでの長期滞在のために出国、二〇一四年には再び帰国し、韓国と日本で講演、執筆、活動を続けたのち、二〇二一年一月一日、九七歳でソウル近郊で逝去した。

呉在植：一九三三年三月二六日、済州島近くの楸子島で生まれた。ソウル大学宗教学科に進学、一九五七年に卒業した。大学時代からキリスト教学生運動に参加し、一九六〇年から韓国学生キリスト教運動協議会（ＫＳＳＣ）の幹事として働いた。一九六四年にアメリカに留学、イエール大学神学科を一九六六年に修了した。帰国後一九六七年に韓国ＹＭＣＡ全国連盟幹事、再び一九六九年には韓国キリスト学生会総連盟（ＫＳＣＦ）総幹事を務め、持続的に韓国のキリスト教学生、青年運動を主導した。一九七一年から一〇年間はアジアキリスト教協議会都市農漁村宣教部（ＣＣＡ―ＵＲＭ）幹事、国際部（ＣＣＡ―ＩＡ）幹事でアジアキリスト教エキュメニカル運動、社会運動の現場で活動した。このころ日本に拠点を作り、在日活動を始めた。一九七一年東京の日本キリスト教会館五階にＣＣＡ―ＵＲＭ事務所を設け、東京渋谷に居所を定めた。まさに呉在植の日本滞在と活動、そして池明観と金容福の東京合流、呉在植の渋谷自宅拠点が「東京宣言文」作成のための必要条件として整ったのだ。

呉在植の生涯は持続的なキリスト教社会運動の活動であった。彼が東京に滞在する時期の条件、人脈などの組み合わせ、そして「東京宣言文」作成の主導、支援、韓国国内との連携、費用調達、配信配布過程の主導、世界教会と社会に向けた拡散などで彼の働きは絶対的であり、最大の貢献者と言っても過言ではない。特に池明観の場合は少し異なる過程を通じて東京滞在が可能だったが、もう一人の「東京宣言文」の主導者の金容福の長期東京滞在には、呉在植の努力と「ＤＡＧＡ」（Documentation for Action Groups in Asia）の設立が重要な役割を果たした。「東京宣言文」がほかならぬ日本の東京で準備、作成されるようになったことには、見えない背景や人脈形成、特に日本の協力者や協力大学と研究所、呉在植と金容福の意気投合と蔵田雅彦の参加、上智大学国際関係研究所などの協力で設立されたＤＡＧＡのチームワーク等々、つまり日韓間の同志的な結束が欠くべからざる条件、基礎となったことが分かるであろう。

金容福：一九三八年一一月一日、全北金堤で生まれた。一九五七年、延世大学哲学科に進学、一九六一年卒業して、一九六三年にアメリカに留学、一九六九年までアメリカに留まり、プリンストン神学大学院、同大学院で博士課程を履修し、一九七六年に「Historical Transformation People's Movement and Christian」と題する論文によってPh.D.を取得した。

一九七三年、東京神学大学院リサーチフェローの身分として日本で学業を開始し、一九七四年から一九七七年ＣＣＡとＷＣＣ常任研究院、特に上智大学国際関係研究所の上級招請研究員、そして呉在植と共にＤＡＧＡを創設するなど、在日活動を持続した。そしてこの時代に「東京宣言文」の作成主導者となり、英語版の執筆を担当した。

呉在植は一九七一年ＣＣＡ－ＵＲＭ責任者として東京に滞在し始めた。東京の日本キリスト教会館に事務所が設けられ、渋谷に居所を定めた。一方、池明観は一九七二年一〇月、東京大学の招待を受けて日本に来た。両者とも当時の韓国の状況に深い懸念を抱いており、韓国の民主化運動に陰に陽に寄与してきた経歴を持っていた。池明観が呉在植のソウル大学宗教学科の大先輩という個人的な関係もあった。しかも当時二人の民主化運動に対する理念や方法論は、韓国のNCCKの路線、より合理的で説得力のある方法、すなわち日本や世界のキリスト教会とエキュメニカル運動体との国際的連帯による方法に拠るべきであるという点で一致していた。一部の海外韓国人が望んでいた過激で革命的な方式にはある程度距離を置いていた。

三人の主導者の最初の集会で議論した最も重要な合意は、「東京宣言文」の性格と目的を定めたことである。それはつまり、韓国キリスト教の民主化闘争が単なる政治的闘争ではなく、信仰告白的、神学的根拠を持つ闘争であることを明らかにすることだった。それを通じて世界教会の理解と協力、連帯を引き出すという目標を設定したのである。そしてそこから具体的な作成のプロセスに入り、誰がどのように、どの言語で作成するのかということに進んでいった。

韓国情報機関の反応、監視、対処：ところで「東京宣言文」の韓国語版は二種類あることが確認されている。韓国語版の第二テキストが生成されたのは皮肉なことである。Christianity and Crisis に掲載された「東京宣言文」などによって、宣言文の宣布事実とその内容が当時韓国政府の情報機関すなわち「中央情報部」（ＫＣＩＡ）に捕捉された。彼らが先に入手した文書は世界教会に公開された英語版だった。情報機関はそれを翻訳した。もっとも、Christianity and Crisis に掲載された「東京宣言文」は要約なので、日本語バージョンを参考した可能性も高い（これもさらに確認しなければならない課題である）。ともあれ、韓国情報機関が翻訳した韓国語バージョンこそがむしろ韓国語バージョンのオリジナルであるかのように認知されていた。資料は英語版からあるいは他の資料も含めて韓国政府情報機関が翻訳した韓国語版、別には東京で池明観が直接作成した韓国語版がある。

呉在植は、日本キリスト教界との同志的結束を強調している。

東京の仲間たち、その人たちを忘れることはできません。日本で一緒に信仰告白をした日本教会の仲間たちが本当に苦労をしてくれました。（中略）表彰をしてあげたいくらいです。彼らの中にはいまや逝去した方もいらっしゃいますが、多方面から日本の政府と世論に圧力をかけて私たちを保護してくれました。当時私たちは知らずにいたことで、今となってはみな知っていますが、警察庁まで協力して保護してくれたことがわかっています。

韓国民主化運動のための海外支援について呉在植は、「まあ、正式に（募金や支援を）することもできないものでありながら（中略）キリスト教団体ではない多くの団体が、さらに日本の埠頭労働組合までもが協力をたくさんしてくれました。一般労働団体も多く協力しました。しかし、左派労働組合からはお金をもらいませんでした」と付け加えている。

「東京宣言文」の内容分析

まず「東京宣言文」は、最初に宣言主体を明確にしている。「韓国キリスト者の名で発表する」という最初の文章は、宣言発表の主体の確認である。「東京宣言文」がはたして韓国教会、韓国クリスチャン全体を代表できるかという疑問の提起が予想されることに対して、池明観は「「エクレシア」が難しい時代になると「エクレシオラ」になるとは言いませんか？　小教会になるしかありません。非常に難しい時期には、十字架を負う少数が教会を代表するしかない、だからそういう時に正しい信仰告白をして十字架を背負っていく人々は、すなわち全体教会を代表するという、数的なことだけを考えるべきでないという教会観を持っていました」と述べている。

ここで「エクレシア」(ecclesia) は教会、全体教会、「エクレシオラ」(ecclesiola) は小さな教会、少数の教会を意味する。

続いていわゆる「メシア国」、特に「メシア国」拡張のための神学的議論を、「三位一体」の教義とその神学的理解の内容、形式を動員して展開している。この宣言を俯瞰するとき、それはキリスト教神学史において「社会福音」(social gospel) の影響を受けた神学を基調にしているが、これも伝統的なキリスト教神学に基づく論理ではないかと考えられる。

今日におけるわれわれの言葉と行動は、歴史の主である神、メシアの国の宣布者であられるイエス、われわれの間で力強く働きたもう聖霊に対する信仰に固く基礎づけられているものであり、われわれは神が虐げられている人々、弱い人、貧しい人々を必ず義をもって守って下さる方であり、歴史において悪しき勢力を審判されたもう方であることを信じる。われわれはメシアであられるイエスが、不義な権力が崩れてメシアの国がくることを宣布したもうたことと、このメシアの国が貧しい人々、虐げられている人々、さげすまれている人々の安らぎの場になることを信じる。われわれはまた、聖霊が個人生命の復活と聖化のために働くのみならず、歴史と宇宙の新しい創造のために働きたもうことを信じる。

一．韓国の統治勢力は「公法」と「正義」への統治ではなく、「暴力」による「支配」を日常的におこなっており、これに抵抗する。

二．韓国教会には「信仰の自由」、韓国社会全般には「良心の自由」が蹂躙されている現実で、そうした自由の勝利のために対抗する。

三．大衆に対する「欺瞞」、「洗脳工作」を拒否する。

四．情報機関などによる「威圧」「脅迫」など人間の自由を侵害する殺人的行為を告発する。

五．貧しい人々に対する経済的「収奪」、「不正」に対して闘争する。

六．南北韓政権の統一に対する意志の薄弱を指摘し、真の和解を通じた「民族共同体」樹立を促す。

続いて「東京宣言文」は三項目にわたる今後の方針、実践決議を提示する。すなわち（一）「民主主義を復活させるため、あらゆる形態の国民的連帯を樹立」、（二）「キリスト者の連帯を強化、殉教もいとわない」、（三）「世界教会との、キリストによる共同の紐帯」である。

われらの主、メシア、イエスは、ユダヤの地に貧しい人々、虐げられた人々、さげすまれる人々の間にあって彼らと共に生活したもうた。彼はローマ帝国の代表者ポンテオ・ピラトの前に臆することなく立たれた。そして真理を証しする途上で十字架にはりつけにされ死にたもうた。しかし、民を解放するために死より甦えられ変化の能力を伝えて下さった。われわれは今日、主のみあとに従って歩むことを決意する。そして主の如く疎外の下にある同胞たちと共に生きつつ、政治的圧迫に抵抗し歴史の変革に参与しようとする。なぜならば、こうすることだけがわれわれの愛する祖国、韓国の地にてメシアの国を宣布する道であると信じるからである。

社会の変革のため、貧しく苦しむ隣人と共に暮らし、真理を証し、死に至るまで民衆の解放のために政治的抑圧に抵抗し、歴史の変革に参加することが、イエス・キリストの「メシア国」を宣言するものだと確信するものなのである。

「東京宣言文」が作成され、発表、拡散される過程で、特に日本のキリスト者、そして世界教会の協力者たちの献身的貢献は、物質的にもまた人間的にもすべてを網羅して多大だった。ただそれらが全体的としては把握できるが、その貢献の細かい実状までが明らかになっていないのは、協力者たちがもつ当初の意志であるとともに、独裁政権の暴圧的抑圧のなかほとんどの活動が匿名、秘密を維持して遂行されるしかなかったことによる結果でもある。当時はほとんどの資料を削除、消滅させて運動が進められたのであり、史料と記憶の亡失に起因する側面もある。「東京宣言文」は信仰告白的な、神学的文書である。「三位一体論」に基づく聖父聖子聖霊の属性と役割を、キリスト教の伝統、伝承、聖書的理解から確認している。しかし、そうした正統神学の基盤を堅持しながら、歴史の中で「神の国」の実現、すなわち「東京宣言文」の最も重要なキーワードである「メシア国」を宣言し実現していくという点を強調している。これは歴史の変革に信仰的決断をしたキリスト者が参加し実践するための目標である。

「東京宣言文」は韓国キリスト教民主化運動の先駆的指標を掲げた宣言であり、アジア諸国のキリスト教の政治社会に対する抵抗運動にも大きな影響を及ぼした。そしてまたひとつの意義として、日韓両国の肯定的関係、特に日韓キリスト教関係史における最も重要な協力と連帯として、明るい可能性を提示してもいる。日韓関係、日韓キリスト教の関係は、これによってそれ以後どのような状況下でも稼働可能な友好、善隣、協力のチャンネルを持つようになったのである。

用語・人名解説

異体宣言（本文17ページ）

二つのものが互いに異なることを表す。ここでは、この用語をカトリックとプロテスタントが異なることを意味する宣言として使用したが、その内容、教理、礼式が相互に異なるという意味ではない。韓国カトリック教会が受容と同時に朝鮮朝廷と政治的葛藤を持ち、特に韓国民族の意識や伝統を作り出す宣教方式とは異なる宣教神学を備えたという点を強調する意味で用いた。

属人主義宣教方式（本文19ページ）

属人主義とは、おおよそ、国籍を明らかにする際、両親がどの国籍を持っているのかに従って分類する国籍法上の一用語である。これを宣教方式の区別に使用すること、つまり韓国宣教の際、その宣教地域がどこであれ韓国人を対象に宣教する方式を意味する言葉として使用した。

李樹廷（本文20ページ）

大韓帝国末期の高位公職出身者として、日本に留学した。彼の留学目的は近代農学を学ぶことであった。日本の農学者であり、初期キリスト者である津田仙にキリスト教の真理を学んだ。その後すぐに、日本駐在のプロテスタント宣教師たちと交流し、信仰告白し、受洗した。マルコ福音書をハングルに翻訳し、アメリカ教会に対して韓国宣教の執行を促すメッセージを伝え、韓国宣教に着手するきっかけを作った。

アンダーウッド（本文20ページ）

韓国最初の長老会福音宣教師として一八八五年四月五日に訪韓した。韓国プロテスタント宣教の基礎を組み立てた人物で、特に韓国の代表的キリスト教大学である延世大学の設立者である。

アペンゼラー（本文20ページ）

韓国最初のメソジスト福音宣教師として一八八五年四月五日アンダーウッドとともに訪韓した。彼もまた韓国プロテスタント宣教の基礎を組み立て、培栽学堂を設立、教育活動に大きな功績を残した。

属地主義宣教方式（本文20ページ）

属人主義と同様に、国籍区分を適用した用語である。すなわち、生まれた場所に従って国籍を区分する方式を意味する。これを宣教方式の区別に適用すると、韓国宣教の際、宣教師が直接韓国の地に駐在し、その土地で宣教を遂行する宣教方式を意味する言葉として使用した。

甲申政変（本文21ページ）

一八八四年、門戸開放派が起こした政治的政変（クーデター）で、三日間で失敗した。この政変の中心人物である金玉均（キム・オクギュン）、朴泳孝（パク・ヨンヒョ）、徐載弼（ソ・ジェピル）などは、その背景である日本に頼り、結局政変失敗の後、日本に亡命した。彼らは個人的には、キリスト教受容の必要性も主張した。この政変で保守側指導者である閔泳翊が負傷し、瀕死の状態であったのを最初の医療宣教師アレンが治療に成功し、医療宣教機関である広恵院が設立され、それが現在の延世大学の前身となった。

延禧専門学校（本文23ページ）

現延世大学の前身の一つで一九一五年アンダーウッドによって朝鮮基督教大学という名前で設立された。教派連合的な性格によって運営され、実質的な高等専門教育を実施した。後に、この延禧専門学校とセブランス医科大学が合併して、現在の延世大学となった。

エキュメニズム（本文23ページ）

元来、エキュメニズムは初代教会から使用された言葉である。キリスト教の福音が世間に伝達される際、さまざまな形態の組織をとるが、これを福音の普遍性において相互に認め合い、一致した告白のために努力し、究極的に一つの福音主義土着教会を設立しようとする努力を意味する。

韓国においても、宣教教派間の協力、究極的な一つの教会を築こうとする努力を意味する。

大復興運動（本文29ページ）

一九〇七年一月平壌において開始された大復興運動は、以後全国的に波及した信仰運動として韓国キリスト教会に大きな影響を与えた事件である。平壌の章台峴教会において行われた宣教師の祈祷会が発端となり、吉善宙長老などが指導した早朝祈祷集会が韓国人に大きく拡散した。

金教臣（本文42ページ）

韓国の無教会主義系の信仰運動家である。日本に留学し、内村鑑三の門下において修学し、帰国後内村門下において修学した同門たちと『聖書朝鮮』を創刊した。「朝鮮的キリスト教」運動を展開し、韓国における民族状況と聖書の真理を結びつけた神学的思想運動を展開した。日本統治時期に確固たる「韓国的神学運動」を展開した人物として評価され、「聖書朝鮮事件」という筆禍事件で日本当局によって受難にあった。

日本的キリスト教（本文53ページ）

初期日本のプロテスタント受容期から開始された土着的キリスト教運動と見ることができる。韓国では、この用語を第一に、初期日本の国家目標に復興するキリスト教受容者たちの思想、第二に、内村鑑三を中心とする宣教師は無関係なキリスト教、第三に、ファシズムによる戦争遂行と宗教報国の時期、強力な日本主義実現の一環として展開されたキリスト教運動との三つに分類区別し、混同のないように注意すべきである。

朱基徹（本文58ページ）

神社参拝強要によって、拷問を受け、監獄において殉教した韓国プロテスタントの代表的殉教者である。平壌の山亭峴教会の牧会中、神社参拝問題によって拘束され、最後まで抵抗の姿勢を変えなかったため、獄死した。特に、彼は信仰貞節を守り、一日一日に堪え、祈りをし、実存的な生を見せた抵抗者として広く知られている。

朝鮮神学校（本文70ページ）

日本帝国統治末期、韓国人神学者たちによってソウルに建てられた長老会系神学校である。金在俊、宋昌根などが中心となり、当時の宣教師たちの神学や、それらを継承する異なった韓国人牧師たちの神学的立場よりは、リベラルな観点を維持した。後にこれが問題となり、戦後韓国長老教を中心に一つの教団分裂の一端となった。現在の韓国神学大学の前身である。

純福音教会（本文72ページ）
アメリカの「ペンテコステ信仰運動」系列の教会として、解放以前すでに韓国に宣教された。しかし、戦後、特に六・二五朝鮮戦争を前後にして、大きな復興を成し遂げ、現在も「汝矣島純福音教会」に代表される韓国最大の個教会となっている。祝福中心の信仰で有名である。

容共是非（本文74ページ）
左翼イデオロギーに参与する葛藤がうかがえる韓国の状況で共産主義者に近似しているのではという問題に是々非々を問うことである。この問題がさまざまな分野において提起され、キリスト教界内においても、この問題が教団分裂の要因となった。ＷＣＣを共産主義者とも近い団体という事由を支持するグループのことを容共的とし、批判することから出発し一九五九年韓国長老会の大分裂があった。

宣撫活動（本文78ページ）
戦争により社会が不安状態となり、混乱した状態において民衆の精神を安定させ、社会の動揺を最小に抑え、戦争の遂行に役立つようにする活動である。戦況を肯定的に広報し、戦争支援に蹉跌がないように助長する活動である。六・二五朝鮮戦争において、韓国キリスト教が担った一つの役割である。

正訓活動（本文78ページ）

軍隊内において兵士の士気を高め、強靭な精神的決意を持つことができるようにする精神教育とそれに関連する様々な活動である。思想教育、戦友間における同志としての結束を強調し、強力な国家観とイデオロギー的武装のためのプログラムがある。六・二五朝鮮戦争時期の韓国キリスト教会は、従軍牧師活動、捕虜に対する宣教などを通して、このような活動の先頭に立った。

四・一九（本文89ページ）

一九六〇年韓国の初代李承晩大統領政権の独裁、不正選挙、政権延長画策を学生たちが先頭に立って崩した民主化革命である。これを李政権は武力によって鎮圧しようとしたため、全国民の支持を得た学生たちの要求が聞き入れられ、不義な政権が崩れた。

五・一六（本文90ページ）

一九六一年陸軍少将朴正熙（パク・チョンヒ）を中心とする一団の軍部勢力が起こした軍事クーデターである。政治を改革し、軍人たちは復帰させる約束をし、クーデター勢力は、その後長期かつ永久執権を画策、韓国現代史における軍事独裁時代を開いた。朴は大統領三選改憲を無理矢理推進、政権延長を試み、維新憲法を作り、永久執権を画策した。経済開発への貢献においては評価できたとしても、韓国現代史の悲劇的時代が始まった事件である。

民衆神学（本文90ページ）

一九七〇年代、韓国の産業化期及び軍事独裁期に、疎外と差別の現場から創出された韓国的状況神学である。資本による搾取、独裁政権の暴圧に抵抗する民衆たちの実存の中から共に聖書を読み、福音の意味を再発見する神学的作業であった。南アメリカの解放神学、北アメリカの黒人神学、女性神学などとともに、世界的神学となった。

土着化神学（本文92ページ）

尹聖範（ユン・ソンボム）、柳東植（ユン・ドンシク）、邊鮮煥（ビョン・ソンファン）など、韓国メソジスト神学者たちによって主導された神学運動である。キリスト教と儒教、シャーマニズム、仏教などを結びつけて、韓国の伝統宗教思想とキリスト教間の対話を試みた。しかし、その方法論が過度に西洋神学のそれを採用しており、名実をともなった土着化神学運動としての意義を評価するには、まだ困難な部分がある。

〈著者紹介〉
徐正敏（ソ・ジョンミン）

韓国生まれ。延世大学と大学院修了、同志社大学大学院より博士学位取得。延世大学と大学院教授及び神科大学副学長歴任。現在明治学院大学教授。明治学院大学キリスト教研究所長歴任。主要著書（日本語文）に『日韓キリスト教関係史研究』（日本キリスト教団出版局、2009年）、『韓国キリスト教史概論』（かんよう出版、2012年）、『日韓キリスト教関係史論選』（同、2013年）、『韓国カトリック史概論』（同、2015年）、『日韓関係論草稿』（朝日新聞出版、2020年）、『東京からの通信』（かんよう出版、2021年）、『日韓関係論とキリスト教史』（同、2024年）など。

アジアキリスト教史叢書1
増補改訂版　韓国キリスト教史概論 ―その出会いと葛藤―

2012年7月20日　初版発行
2025年2月20日　増補改訂版発行

著者……徐正敏

発行者……松山献
発行所……合同会社かんよう出版
〒 530-0012 大阪市北区芝田2-8-11 共栄ビル3階
電話　06-6567-9539 Fax 06-7632-3039
info@kanyoushuppan.com
装幀……堀木一男
印刷・製本……亜細亜印刷株式会社

2012,2025©Suh, Jeong Min
ISBN 978-4-910004-68-6　C0016　　Printed in Japan

徐正敏著

韓国キリスト教史概論―その出会いと葛藤―（アジアキリスト教史叢書1）
四六判並製　一一〇ページ　定価一、六五〇円

韓国カトリック史概論―その対立と克服―（アジアキリスト教史叢書2）
四六判並製　一三二ページ　定価一、六五〇円

日韓キリスト教関係史論選
四六判並製　二九八ページ　定価二、六四〇円

東京からの通信
四六判並製　三五二ページ　定価二、六四〇円

日韓関係論とキリスト教史
A5判上製　三八八ページ　定価七、一五〇円

かんよう出版